Karoline-von-Günderrode-Schule
Grundschule des Wetteraukreises
Mittelstraße 57
63674 Altenstadt-Höchst
Tel: 06047-68323 / Fax: 06047-952600

A4

W0028919

Dagmar Chidolue

Millie in Ägypten

Illustrationen von
Gitte Spee

Cecilie Dressler Verlag · Hamburg

© Cecilie Dressler Verlag GmbH & Co. KG, Hamburg 2006
Alle Rechte vorbehalten
Einband- und Innenillustrationen von Gitte Spee
Lektorat: Maren Jessen
Satz: UMP Media Processing GmbH, Hamburg
Druck und Bindung: GGP Media, Pößneck
Printed in Germany 2007
ISBN 978-3-7915-0405-6

www.cecilie-dressler.de

Inhalt

Eine Traumreise   7

Die Störche und das Ypsilon   19

Göttertrank   30

König Klops   41

Der Pfingstlöwe   55

Der Falkengott   71

Tutschimond   86

Schwabbeldabbelbauchwackeltanz   99

Knackknack   114

Hatschipussi   129

Monster und Könige   140

Liebe auf Eis   147

Vogelpiep   158

Gezinkte Bohnen   165

Krokodile und Schlangen   182

Simsalabim   190

Obelix   199

Lauter Scheußlichkeiten   206

Eine Traumreise

Millies Traumreise würde ja zum **Amazonas** gehen.
Aber zuerst ist Mama an der Reihe.
Mamas Traumreise führt nach Ägypten. Gleich geht's los.
Millie ist schon ganz **rappelig** und **zappelig**.
Leider muss man auf dem Flughafen lange warten. Das
Gepäck ist aber schon weggeflutscht, schrumm, schrumm,
schrumm, auf einem Fließband in ein dunkles Loch. Viel-
leicht ist es bereits im Bauch des Flugzeugs.
Millie hat ihren Koffer selber gepackt. Das kann sie schon.
Nach den Ferien kommt sie ja bereits in die zweite Klasse.
Ihre Schwester Trudel dagegen ist noch klein. Zwei Jahre alt.
Das ist doch minimini.
Millie hat alles eingepackt, was sie so braucht. T-Shirts,
Shorts, Jeans und Unterhosen. Alles aus Baumwolle! In
Ägypten ist es nämlich heiß, und Baumwolle ist kühler auf
der Haut als irgendwas aus Plastikgummifolienzeugs. Baum-
wolle wurde in Ägypten erfunden! Die wächst dort. Ehrlich.
Ach, ein Nachthemd muss noch mit. Das mit der himmel-
blauen Katze auf der linken Seite.
Millie mag Katzen sehr. Auch Hunde. Frau Morgenroth, die

immer auf das Haus aufpasst, wenn sie in Urlaub sind, sagt, dass man auf keinen Fall Katzen und Hunde in Ägypten anfassen darf. Sie könnten schwer krank sein und dann kann es einen selber mit einer Gefährlichkeit erwischen. Papa sagt, das stimmt. Auf keinen Fall Hunde und Katzen anfassen!

Millie ist mit dem Packen schnell fertig gewesen.

Aber wenn sie in Ägypten angekommen sind, wird Papa sich vielleicht wundern! Er vergisst oft, Sachen mitzunehmen. Während Millie ihr Köfferchen packte, hat sie hinübergerufen: »Papa, hast du auch deine Zahnbürste mit?«

Papa hat gesagt: »Millie, sei still, kümmere dich um deine eigenen Sachen.«

Nee, nee, nee. Nachher würde das Theater groß sein. Wenn sie in Ägypten sind und Papa keine Zahnbürste dabeihat. Millie weiß, was es heißt, wenn man was Wichtiges vergessen hat.

Sie hat also weitergemacht: »Papa, hast du deinen Kamm eingepackt?«

»Millie! Jetzt halt endlich deine Klappe.«

Bitte schön!

Da wollte Millie Papa dann auch nicht mehr drauf aufmerksam machen, dass einer von seinen Laufschuhen gerade aus der Schuhtasche geplumpst war. Sie sollte doch die Klappe halten. Das wird Papa nun davon haben. Der Schuh ist nämlich zu Hause geblieben.

Aber falls Papa seinen Rasierapparat vergessen haben sollte, kann Millie aushelfen. In der Kommodenschublade im Flur bei den Winterschals hat sie einen Fusselrasierer gefunden. Fusselrasierer!

Schon das Wort ist schön, ha. Aber ob Papa was damit anfangen kann? Och, bestimmt. Wenn er sich nicht rasiert, hat er nämlich schon nach drei Tagen auch lauter Fusseln im Gesicht.

Gegen die **Langeweile** im Flugzeug hat Millie was zum Lesen dabei. Die Geschichte von *Kalif Storch*. Kennt sie schon. Aber gute Geschichten kann man öfter lesen.

Der Kalif und die anderen aus der Geschichte sprechen eigentlich Arabisch. Millie kann kein Arabisch. Das Märchen ist aber gar nicht auf Arabisch geschrieben. Deshalb hat sie es ritscheratsche **verschlingen** können.

Ach, ein Wort auf Arabisch kann Millie doch schon. Wie heißt das noch, wie heißt das noch? Mu… Mu… Mu… Ach nee, ist kein Arabisch. Es ist das Zauberwort aus *Kalif Storch*: Mutabor. Das arabische Wort, das Millie kennt, ist viel schwieriger. Wart mal. In… In… In… Ach ja: Inschallah: *So Gott will.* Das kann man sagen, so oft und wann man will. Hat Papa erzählt. Inschallah passt immer. Sogar für *Guten Tag.*

Mann, was dauert das heute alles lange! Auf der Klickerklackertafel in der Abflughalle sind sie erst an siebzehnter Stelle: *Abflug nach Kairo, 15 Uhr 30, pünktlich.*

Kairo ist die Hauptstadt von Ägypten, weiß Millie schon.

»Ist das eine große oder eine kleine Stadt?«

»Ziemlich groß.«

»Größer als Mönchengladbach?« In Mönchengladbach
wohnt Wölfchen. Er ist Millies Freund. Einer von ihren
Freunden.

»Klar«, sagt Mama. »Kairo ist sogar noch viel größer als
Berlin.«

»Und größer als Paris?«

»Pppfff«, macht Mama.

Sie weiß es nicht!

»Größer als New York«, sagt Papa.

Na, gibt's denn das?

»Wievielmal größer?«, will Millie wissen.

»Millie, du nervst schon wieder«, sagt Papa. »Alles weiß ich
auch nicht. Kairo hat aber siebzehn oder achtzehn Millionen
Einwohner.«

»Oder zwanzig Millionen?« Vielleicht vertut sich Papa ja.

»Oder sogar zwanzig Millionen«, gibt Papa zu.

»Ganz schön groß«, sagt Millie. Sie sagt das nur so. Eigentlich kann sie sich zwanzig Millionen Leute gar nicht vorstellen. Dafür ist ihr Kopf zu klein.

Jetzt meldet sich ihr Magen. Er macht ruckelguckeldu.

»Hunger«, sagt Millie. Erst leise, dann laut. »Hunger!«

»Gute Idee«, sagt Papa. Er ist von der Kofferschlepperei und
der Warterei und der Quatscherei schon ziemlich fertig. Mit

11

seinem Handrücken wischt er sich den Schweiß von der
Stirn. Mensch, Papa, in Ägypten ist es noch viel heißer!
Millie hat das im Computer gesehen. 42 Grad im Schatten.
Kein Regen. Knallsonne. **Wüste**.
Im Flughafen braucht man nur der Nase nach zu laufen, um
was zu essen zu finden. Es riecht nämlich kilometerweit
nach **Pommes**.
»Flotti, flotti, Mensch!« Millie feuert Papa, Mama und die
kleine Schwester an.
Das gefällt Trudel. »Fottifottimensss«, ruft sie und reißt an
Mamas Hand.
Ach, da ist ja schon der Pommesladen.
Papa sucht einen freien Tisch und Mama stellt sich in die
lange Schlange. Sie weiß nämlich am besten, was jeder haben
will.
Der Pommesonkel weiß das auch. Millie und Trudel bekom-
men jede einen Luftballon, noch bevor ihnen das Essen ge-
reicht wird. Damit marschieren sie zurück zu Papa, der da
drüben am runden Tisch steht und winkt. Platz freigehalten!
Millie quetscht sich hinter den Tisch. Sie will sich auf den
Stuhl neben Papa setzen.
Trudel möchte auch dorthin. Sie ist ein bisschen schneller als
Millie, aber viel kleiner. Millie kann gerade noch ihren Luftballon auf den Stuhl pfeffern. *Besetzt, soll das heißen, besetzt.*

12

Aber **hast-du-nicht-gesehen** pflanzt sich Trudel auf Millies Stuhl. Auf Millies Luftballon.
Knallbums!
Trudel plumpst vor Schreck fast vom Stuhl. Und Millie bekommt einen **Wutanfall**, das ist doch klar. Ihr Gesicht ist bestimmt puterrot und in ihrem Kopf toben tausend Schimpfwörter durcheinander.
»Du altes Eierhuhn!«, brüllt Millie.
»Na, na, na«, sagt Papa. »Das hat Trudel doch nicht extra gemacht.«
Hat der eine Ahnung!
Millies Wut ist noch nicht verraucht. So schnell geht das nicht. Sie stampft mit dem Fuß heftig auf den Boden. Ihre Augen blitzen Trudel an.

Die kleine Schwester presst ihre Lippen aufeinander und versucht ein verlegenes Lächeln. Sie schaut Mama, die mit dem voll beladenen Tablett ankommt, schuldbewusst von unten herauf an.
»Habt ihr beiden was angestellt?«, fragt Mama. »Hat Millie wieder ihren Wutanfall bekommen?«

Papa macht eine wegwerfende Handbewegung. Als wäre das eben **nichts** gewesen. Aber ohne Grund kriegt Millie keinen Wutanfall.

Das beste Mittel gegen einen Wutanfall sind Pommes. Dann rutscht die Wut vom Hals in den Bauch und noch weiter nach unten. Und mit dem nächsten Pups wird die Wut verschwunden sein.

Trudel hat sich auf die Knie gehockt, damit sie an all die schönen Sachen auf dem Tablett heranreichen kann. Sie angelt sich von hier ein paar Pommes und von dort ein Stückchen Tomate. Sie hat gar keinen richtigen Hunger. Sie macht bloß **Hatschipatschi** mit dem Essen.

Trudel hat inzwischen vergessen, dass sie ihren Luftballon zwischen den Beinen und der Rückenlehne eingeklemmt hat. Sie schmeißt sich plötzlich zurück. Ha, das gibt auch einen tollen Knall! Trudel fällt voll auf den Hintern, und Mama verschüttet vor Schreck ihre Limo.

Papa sagt mit einem Blick auf Trudel: »Keine Heulerei, bitte.«

Da hält Trudel die Klappe, obwohl sie bestimmt sehr traurig ist. Nun haben sie beide keinen Luftballon mehr. Und Millies Wut ist mit dem letzten Knallbums auch verknallt.

Und was ist mit der Klickerklackertafel? Vielleicht ist Kairo jetzt schon an erster Stelle!

Mama schaut auf die Uhr und Papa sagt: »Wir haben noch mindestens eine halbe Stunde Zeit.«

Ach so. Da kann Millie sich ja in Ruhe umschauen, ob es vielleicht noch mehr Luftballons gibt.

Huch. Ist das nicht Mario? Was macht der denn hier?

Mama hat ihn im gleichen Moment entdeckt.

»Ist das nicht dein Mario?«, fragt sie.

Na, das schon gar nicht. Mario ist nämlich ziemlich blöd. Er ist in Millies Klasse und sitzt ganz weit weg von ihr. Sie kennt ihn schon aus dem Kindergarten. Mario ist der, der immer aufs Mädchenklo gerannt ist. Nicht, weil er pullern musste, sondern weil er die Mädchen ärgern wollte.

Mario ist nicht nur ziemlich blöd, sondern sehr, sehr blöd gewesen.

Jetzt, in der Schule, liegen die Mädchenklos und die Jungenklos ganz weit auseinander. Die anderen Jungs würden sich **totlachen**, wenn sie Mario am Mädchenklo erwischen würden.

Der blöde Mario kann also nichts mehr anstellen, aber Millie und ihre Freundin Kucki wollen trotzdem nichts mit ihm zu tun haben.

»Ach«, sagt Mama. »Da ist ja auch Frau Klotzig, Marios Mutter. Die kenne ich doch von den Elternabenden her.«

Millie muss sich noch mal umschauen. Jawohl, neben Mario

15

sitzen Herr und Frau Klotzig. Und Marios Schwester. Dass die eine **doofe Ziege** ist, sieht Millie schon von weitem. Zum Glück ist Familie Klotzig mit dem Essen bereits fertig und steht auf. Ach du liebe Zeit, Frau Klotzig hat Mama erkannt. Und natürlich auch Millie. Sie steuert auf ihren Tisch zu. Und die ganze Klotzigfamilie kommt hinterher.
»Na, so eine Überraschung!«
Ojemine!
Millie weiß nicht, wohin sie schauen soll, und auch Mario grinst so komisch.
»Was machen Sie denn hier?«
Na was wohl?
Frau Klotzig stellt ihre Familie vor, Herrn Klotzig und die doofe Ziege. Mercedes. Sie ist vielleicht zwei Jahre älter als Mario und einen Kopf größer. Was für Haare sie hat! Glatt geschniegelt und mit vier blauen Glitzerklämmerchen über den Ohren zurückgehalten. Endlos, fast bis zum Hmtata.
Und Millie hat nur ein kurzes Schwänzchen!
Mercedes sagt mit hocherhobenem Kopf:
»Ich habe einen spanischen Namen.«

Sie lässt ihre Haare tanzen.

Mario und seine doofe Schwester haben keine Luftballons gekriegt, sondern so ein Haifisch-Spielzeug, das der Pommesonkel verkauft. Mario hat Oscar bekommen und Mercedes hält Don Lino umklammert.

Und Millie hat nicht mal mehr einen Luftballon.

Mama und Papa unterhalten sich über Millies Kopf hinweg mit Herrn und Frau Klotzig. Wie voll es auf dem Flughafen ist und wie lange man warten muss und ob das Gepäck auch richtig ankommen wird.

Millie schaut irgendwohin. Was soll sie denn sonst machen? Mit dem blöden Mario quatschen oder mit seiner doofen Schwester?

Aus den Augenwinkeln kriegt sie mit, dass Marios Oscar runtergefallen ist. Er hat es nicht gemerkt.

Aber seine Schwester hat es gemerkt! Ihre Augen blitzen, ihr Mund zuckt. Sie schiebt ihren Fuß vorsichtig an den Haifisch-Oscar ran. Dann zielt sie mit ihrem Schuhabsatz.

Nun ist der Oscar platt und mausetot.

Es dauert ein Weilchen, bis Mario merkt, dass er sein Spielzeug verloren hat. Er sieht sich um, und da entdeckt er den toten Oscar.

»Oh«, sagt Mercedes. »Oh.« Sie hat ein hämisches Grinsen aufgesetzt.

Trudel hat die Geschichte auch mitbekommen.

»Puttemacht«, sagt sie, doch niemand aus der Klotzigfamilie hat sie verstanden.

Aber jetzt müssen sich auch die Klotzigs beeilen, damit sie ihr Flugzeug nicht verpassen. Und Mario bekommt keinen Ersatz für seinen platt gemachten Oscar.

Millie sieht, wie er mit den Tränen kämpft. Er flattert mit den Augenlidern und versucht, tapfer zu sein. Er tut Millie mit einem Mal Leid. Was ist denn das für ein Gefühl? Es ist doch nur der blöde Mario!

»Wir müssen«, sagt Frau Klotzig. »Wir müssen!«

Ja, wo müssen sie denn hin?

»Nach Ägypten.«

Wie bitte?

Oh Mannomann. Was wird das noch werden?

Die Störche und das Ypsilon

Im Flugzeug darf Millie neben Mama nah am Guckloch
sitzen, damit sie von oben die Berge und das Meer und vielleicht sogar die Wüste sehen kann.
Papa und Trudel haben es sich auf den Sitzplätzen davor
bequem gemacht. Beide pennen.
Millie schaut aus dem kleinen Fenster. Von hier oben sieht
die Welt wie eine Seite im Atlas aus. Braune, grüne und gelbe
Flecken. Blaue Kringel. Auf die Dauer ist das langweilig.
Millie kramt in ihrem Rucksack nach dem Buch, das sie
für alle Fälle mitgenommen hat.
»*Kalif Storch?*«, sagt Mama. »Dann hättest du vielleicht
sogar was aus *Tausendundeiner Nacht* lesen können.«
Tausendundeine Nacht hört sich spannend an.
»Es sind Märchen aus dem Morgenland«, erklärt Mama.
»Mami! Es gibt doch kein Morgenland!«
»Nun, früher nannte man Europa Abendland und die arabi-
schen Länder Morgenland.«
Aha. Die Länder, in denen arabisch gesprochen wird. Dort,
wo die Geschichte von *Kalif Storch* passiert ist.
»Manchmal hieß das Morgenland auch Orient«, fährt Mama

19

fort. »Dazu gehörte zum Beispiel die Türkei und Arabien und Persien.«

Und bestimmt auch Ägypten.

»Das reicht«, sagt Millie. »Erzähl mir jetzt lieber mal was von *Tausendundeiner Nacht*, Mamilein.«

Mama seufzt.

»Also gut«, sagt sie nach einer Weile und beginnt.

»Vor langer Zeit lebte die schöne Prinzessin Scheherezade in einem prächtigen Sultanspalast im Morgenland. Sie hatte ein schreckliches Schicksal. Jeden Abend musste sie dem reichen Sultan ein spannendes Märchen erzählen. Doch kurz vorm Ende hat sie jedes Mal einfach damit aufgehört und erst am folgenden Abend den Schluss verraten. Anschließend hat sie sofort mit dem nächsten Märchen begonnen und auch damit mittendrin wieder aufgehört.«

»Warum denn?«

»So hat sich die Prinzessin das Leben gerettet. Denn eigentlich wollte der Sultan sie töten, aber weil die Märchen so spannend waren und er wissen wollte, wie sie ausgehen, ließ er Scheherezade am Leben, und schließlich hat er sie sogar geheiratet.«

»Und warum wollte er Prinzessin Schneesalat töten?«

»Weil es ein Märchen ist«, sagt Mama. »Und dann lebten sie glücklich miteinander bis ans Ende ihrer Tage.«

»Im schönen Sultanspalast«, fügt Millie hinzu. »Alles dort war aus Gold, Silber und Edelsteinen.«

Mama hat sich gut aus der Geschichte rausgemogelt. Eigentlich hat sie nämlich gar nicht richtig erzählt, was in *Tausendundeiner Nacht* passiert. Weil es ein Krimi ist! Mama meint, Krimis sind nix für Kinder.

Na, Millie wirft noch mal einen Blick aus dem Guckloch.

Immer noch braune, grüne und gelbe Flecken und die blauen Kringel. Immer noch langweilig.

Aber nun teilen sie im Flugzeug leckeres Essen aus.

»Huhn oder Fisch?«

Millie nimmt Huhn und Mama wählt Fisch.

Papa muss man wecken. Er guckt ganz **verdattert**.

»Huhn oder Fisch, Papa?«

»Mir egal«, murmelt Papa.

Egal ist Huhn.

Eigentlich wäre es auch egal gewesen, wenn Millie Fisch ausgesucht hätte. Der Fisch sieht nämlich aus wie das Huhn, und das Huhn sieht aus wie der Fisch. Hühnerfischhuhn mit Tomatensoße.

Millie schafft ihre Portion nicht. Sie isst ein bisschen vom Hühnerfischhuhn, ein Löffelchen von der Tomatensoße, die ganze Gurkenscheibe und den Schokopudding. Das große, schwarze Kullerrunde rührt sie nicht an. Das kennt sie nicht.

22

Und was sie nicht kennt, das isst sie nicht.

Und was passiert jetzt?

Millie steht auf. Sie legt ihre Arme auf den Vordersitz. Auf dem hockt Trudel. Die schläft immer noch. Sie hat sogar das Essen verpennt.

Soll Millie mal am Sitz rütteln und schütteln?

Ach nee. Das wäre dumm von ihr. Wenn Trudel wach wird, soll Millie sich bestimmt mit ihr beschäftigen. Das ist nicht gerade das, was sie sich jetzt wünscht.

Was ist denn im Flugzeug drüben auf der anderen Seite los?

Millie stellt sich auf Zehenspitzen.

Hups. Da vorne, links, sitzt die ganze Familie Klotzig. Die fliegen ja tatsächlich mit nach Ägypten!

Herr und Frau Klotzig sitzen zusammen. Neben ihnen, in der gleichen Reihe, sitzt die doofe Mercedes.

Und wo ist der blöde Mario?

Ganz alleine in der Reihe vor ihnen. Zwischen lauter fremden Leuten. Armer Mario. Er sieht ganz verloren aus.

Frau Klotzig liest eine schicke Illustrierte und Herr Klotzig liest eine schicke Illustrierte. Mercedes schüttelt ihren Schopf. Mit den Händen streift sie die Haare aus ihrem Gesicht. Millie sieht, dass die doofe Ziege sechs Armbänder umhat.

Millie stupst Mama ans Bein. Sie senkt ihren Kopf und flüs-

tert: »Guck mal, Mama. Mercedes hat sechs Freundschaftsbändchen am Arm.«

»Na und …?«

»Sie ist eine Angeberin.«

»Ach, Millie.«

»Doch, Mami. Alle Leute sollen sehen, dass die anderen
Mädchen sie mögen. Wenn sie sechs Bändchen trägt, dann
hat sie sechs Freundinnen.«

»Bist du etwa neidisch, Millie?«

Nein!

Oder doch?

Nein, nein. Eine Freundin reicht wirklich.

Mama fragt Millie: »Hast du denn gar kein Freundschaftsbändchen? Auch nicht von Kucki?«

»Doch«, sagt Millie. »Wir haben uns mal welche gehäkelt.«

»Und wo sind die geblieben?«

»Häkelbändchen sind nicht mehr modern. Richtige Freundschaftsbändchen sind jetzt aus Perlen.«

»Ach«, sagt Mama. »Bist du deswegen traurig?«

»Nee«, sagt Millie. Sie ist wirklich nicht traurig, dass Kucki
und sie keine Armbänder mehr tragen. War sowieso blöd,
wenn man sich die Hände waschen musste. Die Häkelbändchen wurden nass und das fühlte sich bescheuert an.
Mama schaut jetzt angestrengt hinüber zu den Klotzigs.

24

»Ich glaube, die Eltern sind sehr stolz auf ihre Tochter«, sagt
sie. »Die sieht ja auch süß aus, und das weiß sie.«
Hach, Mama! Mercedes sieht doch doof aus!
»Die Eltern ziehen das Mädchen wohl etwas vor«, fährt
Mama fort.
»Ja, aber uns wollte Mario immer ärgern«, sagt Millie auf-
gebracht. Sie könnte sich immer noch über ihn aufregen.
»Vielleicht hat er euch gerade deshalb geärgert, weil seine
Schwester von den Eltern vorgezogen wird.«
Na, das wäre aber gar nicht witzig.
Wie schön, dass sie und Mama ins **Quatschen** gekommen
sind. Bestimmt werden sie gleich in Ägypten landen. Es hat
doch schon lange genug gedauert.
»Noch eine Stunde«, sagt Mama. »Schlaf ein bisschen.«
Millie schüttelt den Kopf. Lieber noch was erzählen.
»Was fällt dir denn zu Ägypten ein?«, will Mama wissen.
»Die Störche und die Pü…«, sagt Millie schnell. »Die Störche
und die Pü… pü… pü…«
»Was?« Mama hat keine Ahnung.
»Wart mal.« Millie muss ihren Kopf erst richtig einschalten.
SchoninsLandderPyramiden
flohndieStörcheübersMeer
Schwalbenflugistlängstgeschieden
auchdieLerchesingtnichtmehr

»Ach, die Störche und die Pyramiden.« Jetzt hat Mama es kapiert. »Das Pü bei Pyramiden mit Ypsilon, Millie.«
»Mit Ypsilon? Na gut. Es ist ein Gedicht aus unserem Lesebuch. Das musste ich auswendig lernen. Aber nur die erste Strophe.«
»Die ist schwierig genug«, sagt Mama. »Und die Pyramiden werden wir tatsächlich auch sehen. Aber ich erzähle dir jetzt erst mal, wie die Welt erschaffen wurde.«
Weiß Millie doch schon.
»Durch Peng«, sagt sie. Das hat sie mal im Fernsehen gesehen. Und es hat was mit der Sonne zu tun. Alles hat mal mit der Sonne angefangen. Oder so ähnlich.
»Ich meine, wie die alten Ägypter über die Entstehung der Welt dachten«, sagt Mama.
Die alten Ägypter?
Man nennt sie alte Ägypter, weil sie vor zweitausend Jahren gelebt haben oder vor fünftausend Jahren oder vor noch längerer Zeit.
Mama beginnt mit ihrer Geschichte:

Am Anfang gab's nur Wasser. Überall. Das Wasser war ein Gott. Der hieß Nun.
Unter dem Wasser lag ein Hügel. Das war der Erdgott Atum.
Eines Tages streckte er sich. Da kam der Hügel aus dem Wasser.

26

Das war die Erde. Und die Erde hieß Ägypten.
Ägypten reichte von Ost nach West. Links und rechts ging es
nicht mehr weiter, da war das Ende, denn die Erde galt damals als
Scheibe.
Zu der Zeit ist auch der Nil entstanden. Manchmal stieg sein
Wasser hoch und überschwemmte das Land. Wenn das Wasser fiel,
dann ließ der Nil an seinen Seiten Schlamm zurück.

»Und wann kamen die Menschen?«, will Millie wissen.
»Und die Tiere? Die Nilpferde?«
»Ich weiß gar nicht, ob es am Nil Nilpferde gibt«, überlegt
Mama.
»Aber bestimmt.« Millie ist davon überzeugt. Denn warum
sollte das Nilpferd sonst Nilpferd heißen?
Aber die Geschichte geht weiter:

Bevor Atum an die Menschen denken konnte, musste er den
Himmel und die Luft erschaffen. Himmel, Erde und Luft waren
ebenfalls Götter. Die Himmelsgöttin war eine Frau, die sich über
die Erde beugte. Manchmal jedoch wurde der Himmel auch als
Kuh dargestellt.

Warum denn das? Millie muss sich das vorstellen. Ach,
wahrscheinlich, weil die Kuh unten so einen Beutel hat.

Da könnte man dran nuckeln und braucht nicht zu verhungern. Wie heißt der Beutel noch?
Titte?
Nee, nee, nee.
Euter!

Der wichtigste Gott der alten Ägypter aber war der Sonnengott. Er hieß Re. Und Re reiste jeden Tag mit einem großen Boot über den Himmel. Von rechts nach links, von Osten nach Westen, quer über den Nil. Das Boot nennt man Barke und es sieht ein bisschen aus wie eine Gondel. In manchen Geschichten heißt es, dass die Menschen aus den Tränen von Re entstanden sind. Ein andermal wieder, dass er die Menschen aus Lehm geformt hat.

»Und die Nilpferde«, meint Millie.
Mama zuckt die Achseln.

Re heißt manchmal auch Amun-Re. Oft wird er als Tier dargestellt. Da kann er eine Eidechse sein, ein Widder und sogar eine Gans. Oder ein Skarabäus.

Was ist denn das? Eine Karamelnuss?
Mama muss das erklären.

Der Skarabäus ist ein Mistkäfer. Der Mistkäfer heißt Mistkäfer, weil er aus Mist einen Ball formt. Dieser Ball ist kugelrund und sieht demnach aus wie die Sonne. Der Skarabäus rollt die Mistkugel vor sich her. So wie der Sonnengott oben am Himmel die Sonne vor sich herschiebt.

Leider muss Mama mit der altägyptischen Geschichte über die Karamelnuss für heute aufhören. Weil endlich, endlich das Flugzeug landet. Da ist es schon dunkel. Der Sonnengott ist schlafen gegangen und Prinzessin Schneesalat wird erst morgen weitererzählen können. Inschallah.

Göttertrank

Es ist spät geworden, bis sie endlich den Flughafen verlassen können und mit einem kleinen Holterdipolter-Bus ins Hotel fahren.

Kairo ist wirklich wie aus *Tausendundeiner Nacht*.

Millie kann gar nicht so schnell gucken, wie die **Pracht** draußen vorüberfliegt. Die Glitzerpaläste des Sultans. Herrliche Königspaläste. Die vielen Kirchen: Kathedralenkirchen, Moscheenkirchen, Tempelkirchen. Und die Türme! Mauern und Tore. Geheimnisvolle Gärten mit sanft schwingenden Palmen. Und da sind auch die Märchenerzähler aus *Tausendundeiner Nacht*. Sie sitzen vor hell erleuchteten Häusern an kleinen Tischen und nuckeln an langen Strohhalmen. Millie hätte solche Lust, auch mal draus zu schlürfen.

»Millie, das sind keine Strohhalme. Das sind Wasserpfeifen. Da unten kannst du die bauchige Wasserflasche sehen. Nach der Arbeit rauchen die Männer gerne ein Pfeifchen. Der Rauch wird durch das Wasser gekühlt.«

Oh, so ein schönes, großes Pfeifchen. Oh, so eine schöne, große Limoflasche. Oh, so schöne, große Bubbel in der Limoflasche.

30

Na ja, rauchen darf Millie sowieso nicht. Nicht einmal ein Schokoladenpfeifchen.

Sie darf gar nicht danach fragen.

Also sind die Männer gar keine Märchenerzähler, sondern Wasserpfeifenraucher. Aber vielleicht erzählen sie sich doch eine schöne Geschichte. Vielleicht diese hier, die Mama Millie auf der Fahrt durch Kairo erzählt.

Der Sonnengott Re war wütend auf die Menschen, weil sie nicht gehorsam waren. Da schickte er seine Tochter Hathor hinunter, um die Menschen zu strafen. Hathor verwandelte sich in eine Löwin und fiel rachsüchtig über die Menschen her, die sich in der Wüste zu verstecken suchten. Weil sie nun Blut geleckt hatte, konnte sie nicht aufhören, die Menschen zu jagen. Re aber wollte nicht, dass Hathor alle Menschen umbringt. Er wollte ihnen nur einen Denkzettel verpassen. Wie konnte er die wild gewordene Hathor stoppen? Re bat seine Diener, ihm Bier zu bringen, und färbte es mit Beeren rot. Da wurde es roter Wein, ein Göttertrank.

Hathor fiel auf den Trick herein. Der Sonnengott ließ siebentausend Krüge mit dem roten Wein füllen. Hathor dachte, es sei Blut, und trank so viel davon, dass sie schnell betrunken wurde. Sie tanzte fröhlich durch die Straßen und machte Musik. Da vergaß sie, die Menschen zu jagen. Sie wurde die Göttin der Freude und der Liebe.

Man erkennt Hathor daran, dass sie auf dem Kopf Kuhhörner oder Kuhohren hat. Und zwischen den Hörnern trägt Hathor eine Sonnenscheibe.

Da stehen sie bereits in der großen Eingangshalle von ihrem Hotel. Das ist ja schon wieder wie in *Tausendundeiner Nacht*! Wohnen sie denn in einem Palast?
Nee. Das könnten Mama und Papa sich gar nicht leisten. Es ist nur ein Hotel, aber es ist **boah**. Gold, Silber, Edelsteine!
»Sssön«, sagt Trudelchen.

Und wer kommt denn da aus dem nächsten Bus gestiegen?
Die Klotzigfamilie.
Manno, werden sie auch noch zusammen in einem Hotel
wohnen?
»Nein, so ein Zufall«, sagt Mama und schlägt die Hände vor
Überraschung zusammen.
»Nein, so ein Zufall«, wiederholt Frau Klotzig und schlägt
auch die Hände vor Überraschung zusammen.
Zum Glück werden sie nun von Hassan abgelenkt. Er wird
sie von jetzt an durch Ägypten begleiten und ihnen die alten
ägyptischen Geschichten erzählen.
Hassan hat was mitgebracht. Auf einem Tablett stehen kleine
Gläser mit einem roten Getränk. Er bietet allen davon an.
Auch Millie und sogar Trudel.
Papa schnuppert vorsichtig. Mama nimmt ein kleines
Schlückchen.
»Ist es Wein?«, fragt Millie. Eigentlich darf sie Wein nicht
trinken. Wein ist nämlich giftig.
»Wein ist es nicht«, sagt Mama.
»Saft ist es auch nicht«, meint Papa.
Es wird ein Göttertrank sein.
Aber wenn Millie nicht weiß, was es ist, dann will sie es
lieber nicht trinken. **Auf keinen Fall** isst oder trinkt sie
Komisches. Zum Beispiel isst Millie keine Pilze und auch

33

keine kleinen Fische mit Kopf und Augen. Sie trinkt auch nie grün gestreifte Limonade oder Kakao mit Haut.

Weil Papa den Göttertrank endlich runterschüttet und nicht umfällt, kippt Trudel ihr Glas ebenfalls in einem einzigen Zug hinunter. Sie bekommt davon einen roten Schnurrbart. Und ihr entfährt ein Riesenbäuerchen. Frau Klotzig guckt schon schief. Aber kleinen Kindern muss man alles verzeihen, Frau Klotzig!

Mama fordert Millie nun mit einer Kopfbewegung auf, ihr Glas auszutrinken.

Soll sie? Soll sie?

Was macht denn Familie Klotzig?

Mercedes hat nicht einmal an ihrem Göttertrank geschnuppert. Sie hat das volle Glas gleich auf dem Tisch abgestellt und eine Iii-Nase gezogen. Hasennase.

Und Herr und Frau Klotzig tun nur so, als ob. Sie trauen sich aber nicht zu trinken.

Na schön. Millie ist kein Feigling.

Gluck, gluck, gluck.

Lecker!

Und Mario?

Heh, alles in Ordnung, Junge, es passiert dir nix, Millie hat es überlebt.

Da traut sich Mario.

34

Weil es spät geworden ist, will Hassan heute Abend nur
noch zwei Dinge sagen.

Erstens, dass sie gerade Malventee getrunken haben. Der
wird aus großen, rosaroten Blüten hergestellt.

Blumentee? Ein Göttertrank.

Und was ist zweitens, Hassan?

Zweitens sollen sie sich jetzt schnell schlafen legen. Weil sie
morgen sehr früh aufwachen müssen, nämlich dann, wenn
der Muezzin auf dem Minarett bei Sonnenaufgang zum
Gebet ruft, fünf Uhr also.

Millie schaut Mama fragend an.

»Minarett«, flüstert Mama, »das ist so ein schlanker, hoher
Turm neben der Moschee.«

Ach ja, den hat Millie auf der Fahrt hierher schon gesehen.

Und von dort ruft der Mützi zum Gebet, aha.

»Warum denn so früh?«, jammert Frau Klotzig.

Ist sie dumm?

Man muss so früh aufstehen, weil es bald Frühstück gibt und
die Sonnenbarke anfängt zu wandern. In Ägypten darf man
nämlich die Sonne nie vergessen.

Und tatsächlich, ganz früh am Morgen wacht Millie auf, als
von draußen lauter Gesang in ihre Ohren dringt. Manno, es
ist doch noch dunkel.

Im ersten Moment weiß Millie gar nicht, wo sie sich befindet.

Dann **dämmert** es ihr langsam. Sie ist in Ägypten!
Aber wer traut sich denn, um diese Zeit so laut zu rufen?
Alle Leute werden doch aufgeschreckt!
Ach, jetzt fällt es Millie ein. Das wird der Mützi sein.
Millie klettert aus ihrem Bett. Sie teilt sich eins mit Trudel.
Das Bett ist so groß, dass man sich gar nicht berühren muss,
auch wenn man sich von Zeit zu Zeit wie eine Bratwurst von
einer Seite auf die andere rollen lässt.
Alle pennen noch. Millie geht auf Zehenspitzen zum Fenster
und schiebt den Vorhang ein Stückchen zur Seite.
Dunkelblaue Nacht. Nur ganz hinten, ganz unten, schiebt
sich ein kleiner Lichtstrahl über den Horizont. Die Sonne
geht auf. Das ist Re, der Sonnengott, in seiner Barke.

Und wo ist der Mützi? Die Stimme kommt von da drüben.
Millie kann den langen, dünnen Turm erkennen. Dort wird
der Mützi drauf sein. Er hört und hört nicht auf zu rufen.
Das hat doch was zu bedeuten.
Ja! Jetzt müssen sie beten.
Millie flitzt zum großen Bett, in dem Mama und Papa immer
noch fest schlafen. Papa schnarcht ein bisschen.
Millie rüttelt Mama wach.
»Der Mützi, Mama, der Mützi!«
»Was ist los?« Mama fährt erschrocken hoch.
»Mama, wir müssen beten. Der Mützi ruft doch zum
Gebet.«
Papa hört mit so einem komischen Riesenschnaufer auf zu
schnarchen. Er verschluckt sich fast dabei.
»Was ist los?«, nuschelt er. »Millie, bist du verrückt gewor-
den, uns mitten in der Nacht zu wecken?«
»Papi, der Mützi ruft! Wir müssen beten!«
Papa grunzt. »Das ist kein Mützi, sondern der Muezzin.«
Ist doch egal, wie der heißt, Mensch.
Aber Papa legt sich bloß auf die andere Seite.
Mama lässt Millie zu sich unter die Decke kriechen. »Ja,
wenn du willst, kannst du beten, mein Schatz.«
»Und aufstehen müssen wir auch«, kräht Millie. »Die Sonne
geht auf.«

Mama gähnt laut. »Ja, gleich geht es zu den Pü... zu den
Pü... zu den Pü...« Mama ist noch gar nicht richtig wach.
»Zu den Pyramiden«, sagt Millie laut. »Mit Ypsilon, Mama!«
Sie setzt sich auf und hopst vor lauter Aufregung auf dem
Bett herum. »Aber flotti, flotti, Mensch.«
Trudel ist wach geworden, obwohl der Mützi nun nicht
mehr ruft.
»Tudelauchpüpü«, sagt die kleine Schwester. »Fottifotti-
mensss.«
Jetzt gibt es vielleicht ein Gerenne! Rein ins Badezimmer,
raus aus dem Badezimmer, rein ins Badezimmer, raus aus
dem Badezimmer.
Papa stößt ein Schimpfwort aus. Er hat sein Rasierzeug ver-
gessen!
Das hat Millie doch gewusst.
»Du brauchst gar nicht traurig zu sein«, sagt sie. »Ich habe
einen Rasierapparat für dich mit.«
»Das glaub ich nicht«, sagt Papa.
»Das kannst du mir aber ruhig glauben.«
Mama hält in ihrem Gerenne inne und schaut Millie **skep-
tisch** an.
Soll sie doch. Gleich wird sie sich wundern.
Millie kramt in ihrem Koffer herum.
Wo ist er denn?

Wo ist er denn?

Hier ist er: der Fusselrasierer.

»Um Himmels willen, Millie!«, ruft Mama aus.

Papa schüttelt den Kopf.

»Das ist doch nur das Ding für die Knöttelchen von den Wollschals«, erklärt Mama.

»Ist aber ein Rasierer«, sagt Millie. »Und bei Papa fangen die Fusseln schon an zu wachsen.«

Mama lacht sich kaputt. Sie schnappt sich Millie, hebt sie hoch und wirbelt sie zweimal im Kreis.

Papa knurrt noch, aber dann grinst er auch.

Na, das war doch eine gute Idee von Millie.

»Ich lasse mir lieber einen Bart wachsen«, sagt Papa.

Oh ja. Wie wird Papa dann aussehen? Wie ein wild gewordener Handfeger?

Papa hat heute aber noch mehr Pech. Er findet in der Schuhtasche nur einen Laufschuh.

Oha.

»Hat einer meinen zweiten Schuh gesehen?«, ruft er verzweifelt.

Niemand hat ihn gesehen.

Doch, Millie hat ihn gesehen. Das war zu Hause. Aber sie sollte ja die Klappe halten! Jetzt hält sie besser auch den Mund. Sie zuckt nur mit den Schultern.

»Na, jetzt ärger ich mich aber«, sagt Papa.
Er schlägt sich mit der flachen Hand gegen die Stirn.
Und Mama meint: »Ärger geht vorbei.«
Das ist ein guter Satz.
Den wird sich Millie merken.

König Klops

Papa zieht also seine guten Schuhe an. Die Stadtspazier-
gangsschuhe. Damit kann er auch laufen, aber bestimmt
nicht dreihundert Kilometer oder so. Quer durch die Wüste.
Es weiß doch **jedes Kind**, dass die Pyramiden in der
Wüste stehen, in Gizeh. Giii-sehhh. Das ist noch fast in
Kairo, aber nicht ganz.
Erst schnell frühstücken, aber bitte ganz weit weg von
Familie Klotzig.
Und schon ist ihr Geschichtenerzähler wieder da. Hassan
trommelt eine ganze Truppe zusammen, marsch, marsch,
ab in den Bus.
Bei der Fahrt zu den Pyramiden gibt es nicht viel zu sehen.
Außer den Häusern von Gizeh. Die sind alle gelb. Zuerst
sind es große gelbe Häuser und dann werden es kleine gelbe
Häuser. Danach kommt nur noch gelber Sand. Das ist die
Wüste.
Papa hat Glück, dass sie nicht durch die Wüste laufen müs-
sen. Er hätte sich in seinen Stadtspaziergangsschuhen
Blasen geholt.
Und wo sind die Pyramiden?

Na? Na? Na?

Es müssen drei Stück sein. Groß, mittel und klein. Das hat Millie schon auf Fotos gesehen.

Wo sind sie denn?

Oh! Da ganz hinten tauchen sie auf.

Pyramiden bestehen aus lauter Dreiecken. Aus lauter gelben Dreiecken.

Zuerst sieht man die Pyramiden ein bisschen schummerig. Weil der Bus noch weit entfernt von ihnen ist. Dann werden sie größer und größer. Jetzt sind sie sehr groß.

Manno!

Nah bei den Pyramiden gibt es richtige, echte, große, dicke, fette Kamele. Sie sehen auch aus wie aus Sand gemacht. Auf ihren Huckelbuckeln sitzen verkleidete Männer.

»Oh, guck mal, Beduinen!«, ruft Frau Klotzig aus. »Die tragen ja echte Beduinentücher!«

Gardinentücher?

»Beduinentücher, Millie! Be-du-i-nen!«

Millie schaut Mama verständnislos an.

»Die Wüstenbewohner heißen Beduinen«, erklärt Mama. »Sie sind oft Kamelzüchter und wohnen in Zelten. Sie ziehen mit ihren Tieren durch die ganze Wüste. Die Kamele können viele Waren auf dem Rücken schleppen, zum Beispiel Salz aus der Wüste, das dann von den Beduinen verkauft wird.«

42

Aber jetzt stehen sie mit ihren Kamelen hier vor den Pyramiden. Und die bunten Gardinentücher, die die Beduinen um den Kopf gewickelt haben, schützen sie vor der brennenden Sonne.

Frau Klotzig ist aufgeregt. »Wir müssen unbedingt versuchen, uns solche Tücher zu kaufen«, sagt sie.

Was will sie denn mit den Gardinentüchern?

Erst mal aus dem Bus steigen und die Luft atmen.

Die Luft ist auch gelb.

Bitte stehen bleiben! Hassan, der Geschichtenerzähler, will erst was über die Pyramiden erzählen.

Vor fast fünftausend Jahren bauten die alten Ägypter für ihre toten Könige Häuser. Das waren die Pyramiden. Nicht alle alten Ägypter waren am Bau beteiligt, nur die Bauleute und die Bildhauer und die Steinmetze. Es gab noch Bauern, Priester, Köche, Frauen und Kinder. Die Bauern bauten Korn an. Und Baumwolle. Und Dattelpalmen.

Die alten Ägypter konnten schon lesen und schreiben. Deshalb gab es auch Schreiber, die im Königspalast alles aufschrieben, was der König sagte, als er noch lebte.

Wenn der König gestorben war, kam er in die Pyramide, ganz tief unten in die Königskammer. So wie der Sonnengott Re täglich in seiner Barke aus der Erde emporstieg und über den Himmel fuhr,

so sollte der König nach seinem Tod zu den Göttern aufsteigen.
Dort im Himmel wartete seine Seele auf ihn. Der König benötigte
für seine Reise eine Barke. Und er brauchte auch eine Menge
Dinge für sein Leben im Himmel, Spielzeug und Stühle und Teller
und ein paar Diener. Die Diener waren aber nur aus Holz
geschnitzt oder aus Lehm geformt. Es sollte so aussehen, als ob.
Zu essen gab es auch was für den toten König und lesen durfte er
ebenfalls. Abschiedsbriefe. Die hat man mit ins Grab gelegt.
In die Pyramide. Oft wurden dort auch Geschichten an die Wände
gemalt, in Bildern und in Buchstaben.
Der König hieß zuerst nur König, aber später hieß er Pharao. Es
gab noch einen interessanten Beruf im alten Ägypten. Grabräuber!
Die haben viel aus den Pyramiden und aus den anderen Königs-
gräbern geklaut und verkauft. Einiges davon kann man heute im
Museum angucken.

Jetzt will Millie aber rein in das Haus des Königs.
Der Geschichtenerzähler sagt:»Die drei großen Pyramiden,
die wir hier sehen, waren für Vater, Sohn und Enkel gebaut.
Der Vater hieß Cheops, der Sohn Chephren und dessen Sohn
Mykerinos. Man kann in die Cheopspyramide hineingehen.
Ich würde es aber nicht tun. Es ist eng drin, man kann nicht
stehen, es stinkt, man bekommt keine Luft, es ist stickig und
heiß.«

Frau Klotzig sieht Herrn Klotzig an. Sie rümpfen die Nase.
Mercedes guckt sich das ab und macht auch eine Hasennase.
Da bleibt Mario gar nichts anderes übrig. Alle haben Hasen-
nasen und wollen draußen bleiben.
Papa sieht Mama an. Was soll das heißen?
Millie will unbedingt hinein in eine Pyramide. Wenn nicht in
die Klops-Pyramide, dann in die Käfer-Pyramide oder in die
Margarine-Pyramide. Auch wenn es eng ist.
Mama sagt: »Ich geh in die Pyramide, auch wenn ...«
Klar, Mama.
Papa nickt. »Ich bleibe mit Trudel draußen, meine Lieben.«
Trudel jammert: »Tudelauchpüpü.«
Millie sagt: »Trudelchen, es ist eng und es stinkt. Nichts für
kleine Kinder.«
Da gibt Trudel Ruhe.
Mario sagt zaghaft: »Ich möchte auch ...«
Aber niemand hört ihm zu.
Armer Mario.
Mama und Millie dürfen in die Klops-Pyramide. Sie müssen
eine steile Treppe erklimmen, die nach oben zum Eingang
führt. Ordentlich Luft schnappen. Dann geht's rein.
Puh, ist das eng hier. Man kann nicht stehen. Was Hassan ge-
sagt hat, ist die Wahrheit. Es stinkt nämlich und man be-
kommt keine Luft. Es ist stickig und heiß.

45

Aber es ist toll, so toll!

Vom Eingang aus muss man in der Pyramide wieder weit runter laufen. Erst weit runter, dann erneut weit rauf. Die Königskammer sitzt mitten in der Pyramide wie eine Höhle in einem Berg. Fürs Runtergehen hätten sie hier eigentlich eine Rutschbahn bauen können. So eine wie zu Hause im Schuhgeschäft. Wo man sich auf den Hintern setzen und vom zweiten Stock in den ersten rutschen kann. Aber nee, hier haben sie einen Bretterweg gebaut, auf dem man höllisch aufpassen muss.

Millie läuft vorneweg. Mama folgt ihr.

Millie kann prima laufen, obwohl der Gang höchstens für Zwerge gebaut wurde. Zwerge wie Millie. Passt genau.

Millie braucht den Kopf nur manchmal einzuziehen.

Aber Mama hat **Probleme**. Ein ums andere Mal stößt sie sich den Kopf an der Decke.

»Aua«, sagt sie in einer Tour. »Aua, aua.«

Aufpassen, Mama, aufpassen!

Es wird immer heißer und immer stickiger. Millie hat bisher gar nicht gewusst, was *stickig* bedeutet. Jetzt weiß sie es.

Es sind eigentlich zwei Wörter, nämlich *stinken* und *ersticken* zusammengewurschtelt.

»Kannst du noch, Millie?«, keucht Mama.

Millie weiß nicht so recht. Wenn sie gleich unten in der

46

Königskammer ankommen würden, dann könnte sie noch.
Aber wenn sie noch viel laufen müssen, dann schafft sie es
nicht. Dann fällt sie nämlich einfach um. Knallbums.
Genau im richtigen Moment haben Millie und Mama die
Grabkammer vom König erreicht. Da kann man sich recken
und strecken.
Sie laufen einmal um einen leeren Steinsarg herum. Der sieht
aus wie eine Badewanne. Nix drin.
»Und wo ist König Klops?«, fragt Millie. »Ist der auch ge-
klaut worden?«
»Vielleicht ist er in irgendeinem Museum«, sagt Mama.
»Im Museum?«
Was macht er denn da?
»Da könnte er eine Mumie sein«, sagt Mama. »Die Könige
wurden früher alle mumifiziert.«
»Mumplifitziert?«
Oder heißt das mumpitzifiert?
»Ach, Millie.«
Na schön. Millie hat Mumien schon in London gesehen.
Im Museum. Da stehen eine Menge geklauter Mumpitz-
Mumien und was nicht noch alles.
Jetzt wollen sie aber machen, dass sie wieder rauskommen.
Bevor Millie doch noch umplumpst. Oder sogar Mama.
Vor ihnen schnauft ein dicker Mann. Dem ist so heiß, dass

ihm die Schweißtropfen links und rechts um die Ohren fliegen. Bestimmt hat er kein Baumwollhemd an. Millie kann
ihn leider nicht überholen, weil die Brettertreppe zu schmal
ist.

Der Dicke brabbelt so vor sich hin. Vielleicht will er sich
ablenken, weil der Weg noch kilometerweit nach oben
führt.

Was erzählt er denn so?

Er sagt, dass er Mitleid mit den Arbeitern hat, die so eine
Pyramide bauen mussten. Dabei bleibt er stehen und wendet
sich zu Millie um.

»Weißt du, was die dafür bekommen haben?«

Millie muss auch stehen bleiben. Eine Wolke Schweißgeruch
von dem Dicken kommt ihr entgegen.

Millie schnauft.

»Was?«, fragt sie.

»Willst du wissen, was die für die Arbeit hier bekommen
haben?«

Nee, will Millie gar nicht wissen.

Oder doch?

Vielleicht haben sie Gold bekommen. Oder Edelsteine. Oder
so was.

»Nichts haben sie bekommen«, sagt der Dicke und wischt
sich mit dem nackten Unterarm über die Stirn. Das wird

48

nichts nützen. Was nützt, ist kühle, ägyptische Baumwolle.
Die saugt den Schweiß auf, Dicker. Das weiß sogar Millie.
»Na ja«, sagt der Dicke. »Sie haben für die Arbeit Essen be-
kommen. Radieschen, Zwiebeln und Knoblauch.«
Das ist alles? Vielleicht hat sich der Dicke das nur ausgedacht. Er riecht nämlich selber nach Knoblauch.
»Das steht draußen auf den Steinen«, sagt er. »Das kannst
du nachlesen. Radieschen, Zwiebeln und Knoblauch. Nicht
vergessen!«
Dann hat der Dicke genug Pause gemacht und stapft weiter.
Ist auch Zeit! Die anderen Leute hinter ihm wollen auch
schnell an die frische Luft.
Endlich draußen! Mama biegt sich nach hinten und hält sich
den Rücken. Ganz schön anstrengend, was? Und Milllie
macht, dass sie von dem Dicken wegkommt. Der hat ja
alleine schon so gestunken wie zwei große Pyramiden
zusammen.
Papa und Trudel strahlen beide über das ganze Gesicht, als
Mama und Millie wieder von den Toten bei den Lebendigen
angelangt sind.
Familie Klotzig hat sich inzwischen bei den Kamelmännern
weiße Gardinentücher gekauft. Sie haben sie sich gleich wie
einen Turban um die Köpfe wickeln lassen und laufen damit
rum.

49

»Das ist gut gegen die Hitze«, sagt Mercedes. »Hat meine Mutter gesagt.«
»Die Kopfbedeckung werden wir jetzt jeden Tag tragen«, meint Frau Klotzig und nickt zur Bestätigung mit dem Kopf. »Unsere Haut ist so empfindlich. Die Beduinen wissen schon, warum sie ein Tuch tragen.« Dann fragt sie: »Und wie war's in der Pyramide?«

Mama will gerade den Mund öffnen, da sagt Frau Klotzig:
»Heiß und stickig, was? Das hab ich mir schon gedacht.«
»Aber es war ganz toll«, platzt es aus Millie heraus.
War es doch auch!
Mario schaut sie ein bisschen traurig an. Er trägt ebenfalls
ein Gardinentuch. Es sieht aus wie ein Vogelnest und sitzt
schief auf seinem Kopf. Mario zieht wohl deshalb ein Gesicht
wie **drei Tage Regenwetter**.
»War's wirklich so toll?«, fragt er.
»Es war supertoll«, sagt Millie. »Aber König Klops ist
verschwunden. Vielleicht ist er eine Mumpitz-Mumie ge-
worden.«
»Oh«, sagt Mario. »Das nächste Mal gehe ich auch hinein.«
»Und weißt du, was noch toll ist?«, fragt Millie.
»Was denn?«
»Ich kann die Schrift von den alten Ägyptern lesen.«
»Kannst du nicht.«
»Kann ich doch«, sagt Millie und zieht ihn an den Rand der
Klops-Pyramide.
Oder sollen sie doch lieber hinüber zur Käfer-Pyramide
wandern? Die hat so eine hübsche Zipfelmütze auf.
Na, erst mal hier gucken, wo der tote König Klops gewohnt
hat.
Das sind aber dicke Wackersteine. Die kann ja kein Mensch

schleppen. Wie haben die das denn damals gemacht, die alten Ägypter?

»Das ist wahrlich ein Wunder«, sagt Papa. »Die Pyramiden nennt man deshalb auch das siebte Weltwunder.«

»Weiß ich schon«, sagt Millie. Mama hat ihr das erzählt.

»Was du so alles weißt«, sagt Mario.

»Weiß doch jeder«, sagt Millie.

»Weiß nicht jeder«, sagt Mario.

Soll Millie sich mit Mario streiten?

Nööo, nicht nööötig. Viel interessanter ist der Pyramidenstein, in den was eingemeißelt ist. Millie guckt sich die Zeichen gründlich an. Obwohl sie schon weiß, was da steht: Radieschen, Zwiebeln und Knoblauch.

»Die Schrift nennt man Hieroglyphen«, sagt Papa.

Puh. Wahrscheinlich ist das wieder so ein schwieriges Wort mit einem Ypsilon drin.

»Ich kann das lesen«, sagt Millie. Sie weiß, was die Grüffelieros zu bedeuten haben! »Da steht nämlich, was die Pyramide gekostet hat.«

»Ehrlich?«, fragt Mario. Er ist inzwischen von Millie mächtig beeindruckt. »Was hat sie denn gekostet?«

»Gar nichts. Nur das Essen für die Bauarbeiter. Radieschen, Zwiebeln und Knoblauch.«

»Und das soll da stehen?«

52

»Ja, meinst du denn, ich denke mir das aus? Hier, was oben so rund ist und unten spitz, das ist der Grüffeliero für Radieschen. Hast du keine Augen im Kopf? Und das Gewurschtel hier sind die Zwiebeln und das Gekrickel ist der Grüffeliero für Knoblauch. Kapiert?«

»Hmhm«, macht Mario. »Und woher weißt du das?«

»Steht in einem Buch«, sagt Millie.

Wird schon stimmen.

Oha, manchmal ist Millie auch eine ganz schöne Angeberin. Deshalb will sie jetzt lieber **vom Thema** ablenken.

»Magst du Knoblauch?«

Mario zuckt mit den Schultern.

»Ich nicht«, sagt Millie. »Und weißt du eigentlich, dass du jetzt ganz schön blöd aussiehst?«

Mario nimmt mit geballten Fäusten Boxerstellung ein, aber er würde sich nie trauen … Nie so direkt.

»Deine Gardine sitzt ganz schief auf deinem Dez«, sagt Millie.

Mario lässt seine Arme wieder sinken. »Ja, weil sie immer wieder verrutscht.«

»Dann reiß sie doch einfach runter.«

»Ja?«, fragt der arme Mario. »Aber wenn ich nicht mitmache, dann meckern sie mit mir rum.« Er zeigt mit dem Kopf auf seine Familie.

53

»Lass sie doch.«

»Ja?«

Ja, Mensch.

»Aber dann ärger ich mich«, sagt Mario.

»Ärger geht vorbei«, sagt Millie.

Sie hat es gewusst: Gute Sätze kann man immer gebrauchen.

Der Pfingstlöwe

Neben den Pyramiden, dort, wo einige Männer mit ein paar
Kisten stehen, kann man Andenken kaufen, zum Beispiel
Gardinentücher. Aber viel interessanter als die Andenken-
männer sind die Kamelmänner. Und noch viel interessanter
als die Kamelmänner sind die Kamele. Millie darf sich doch
wohl mal eines aus der Nähe betrachten?
Hops, hops, hops läuft sie über den Wüstensand hinüber zu
den Tieren.
Papa läuft hinter Millie her.
»Bleib stehen, Millie, bleib sofort stehen.«
Nee, Papa, Millie muss sich doch das Kamel von nahem angucken. Komm doch mit, Papa, komm doch.
Millie und Papa haben fast gleichzeitig die Gruppe der
Männer erreicht, denen die Kamele gehören. Die Männer
tragen lange Sackkleider und alle haben Gardinentücher um
den Kopf gewickelt.
Millie möchte sich das Kamel mit dem roten Bommelum-
hang anschauen. Am liebsten möchte sie es fotografieren,
damit sie es zu Hause jeden Tag anschauen kann. Es ist ein
besonders schönes Kamel. Rot steht Kamelen sehr gut!

»Gib mir mal deinen Fotoapparat, Papa«, sagt Millie.

Papa seufzt. Dann streift er sich das Halteband der Kamera über den Kopf und überreicht Millie den Apparat.

»Aber mach schnell, Millie«, sagt Papa. »Sonst ist unsere Gruppe mit Mama und Trudel weg.«

Sollen sie doch. Millie kann nichts passieren. Papa ist ja bei ihr.

Noch bevor Millie sich die Kamera vors Auge halten kann, schnappen sich die Kamelmänner Papa. Sie wickeln ihm ein Gardinentuch um den Kopf und lachen sich kaputt.

»Foto«, sagen sie. »Foto.«

Millie findet das nicht zum Lachen. Erstens sieht Papa damit so doof aus, als gehörte er zu Familie Klotzig. Und zweitens will sie gar nicht Papa fotografieren, sondern das hübsche Kamel.

»Geht doch mal weg«, sagt Millie und versucht die Männer mit einer Handbewegung zu verscheuchen.

Aber die Männer lachen sie nur aus.

»Foto«, sagen sie. »Foto.«

Millie wird wütend. Sie stampft einmal, zweimal, dreimal mit dem Fuß auf.

»Haut ab! Ich will das Kamel fotografieren!«, brüllt sie.

»Kamel! Kamel!« Hoffentlich heißt *Kamel* auf Arabisch auch *Kamel*. Oder *Trampeltier*?

56

Papa möchte Millie helfen. Er will sich die Gardine vom Kopf ziehen, aber die Männer halten Papa fest und rufen: »Foto, Foto.«

Endlich schafft Papa es freizukommen. Er packt die Männer und schiebt sie zur Seite, damit Millie ihr Foto machen kann. Das Kamel schaut ruhig in die Kamera. Es ist ein liebes Kamel.
Danach halten die Männer ihre Hände hin.

Papa weiß, was das bedeutet. Die Kamelmänner halten
nämlich ihre Hände nicht hin, sondern sie halten sie auf.
Sie wollen Geld haben.
»Wofür, Papa?«
»Fürs Fotografieren.«
»Aber ich habe sie doch gar nicht geknipst.«
Das ist wohl egal. Sie wollen Geld dafür bekommen, dass
Millie ihr Kamel aufgenommen hat.
Papa greift nach seinem Portemonnaie. Die Männer mit den
Gardinentüchern umringen ihn. Papa zieht einen Geldschein
raus. Das ist anscheinend nicht der richtige Schein.
»No, no, no«, sagen die Männer.
Papa sucht nach einem anderen Schein. Als er den raus-
nimmt, greift einer der Männer zu und haut mit dem Geld-
schein ab.
Na, jetzt ist es wohl gut.
Nee, nix ist gut.
Die Kamelmänner wollen mehr Geld. Sie brüllen und
schreien. Papa schüttelt den Kopf und zeigt auf den abge-
hauenen Mann.
Oje, der gehört gar nicht zu Millies Kamel. Hat sich nur so
dazugestellt. Und was nun?
Die Männer wollen alles Geld von Papa haben. Sie greifen
mit ihren Fingern in das Portemonnaie.

58

Aber das geht doch nicht! Papa muss wenigstens etwas Geld behalten, weil Millie und Trudel bald Durst bekommen werden und sie was zum Trinken kaufen müssen. Papa will das erklären, aber er kann kein Arabisch.

Da kommt Hassan angerannt. Hassan spricht natürlich Arabisch. Er kann so gut Arabisch, dass Papas Geld gerettet ist, weil die Kamelmänner sofort ihre Pfoten aus Papas Portemonnaie nehmen. Wahrscheinlich kann Hassan, der Geschichtenerzähler, sogar auf Arabisch schimpfen.

Jetzt geht's im Trab zurück. Durch die Wüste, an den Pyramiden vorbei, bis unten zu den Tempelresten, wo die ganze Gruppe wartet. Denn ohne Hassan geht nichts. Das hat Papa heute auch gemerkt.

Unterwegs schimpft Hassan auch ein bisschen mit Papa. Weil man nie sein ganzes Geld zeigen darf. Die Kamelmänner sind nämlich ziemlich arm. Sie leben davon, dass die Pyramidenbesucher ihnen Geld fürs Fotografieren geben. Sie denken, alle Besucher sind stinkreich. Die Kamelmänner können nämlich nicht so einfach nach Paris oder nach Amerika fliegen und sich den Eiffelturm oder die Wolkenkratzer angucken.

»Aber wir sind doch gar nicht reich«, sagt Millie zu Hassan. »Mama hat nur eine ganz dünne Goldkette. Und ich hab noch nicht mal einen Computer für mich alleine.«

Aber Hassan hat schon zu meckern aufgehört. Stattdessen erzählt er unterwegs zu den Tempeln, was passiert, wenn der tote König in seiner Barke im Himmel angekommen ist.

Der Himmel für einen toten König ist nicht oben, sondern unten und heißt deshalb Unterwelt. Dort herrscht der Totengott Osiris. Bevor man aber in der Unterwelt ewig leben darf, wird man vor ein Gericht gestellt. Das Herz wird gewogen. Es muss so leicht wie eine Feder sein. Sonst wird es von einem Untier gefressen, der großen Fresserin. Die ist halb Nilpferd und halb Löwe und hat den Kopf eines Krokodils.

Und der König muss schwören, dass er immer nett gewesen ist zu Mensch und Tier, dass er nichts angestellt hat und keinen hungern ließ. Er darf nicht gelogen und keinen zum Weinen gebracht haben. Und hitzig und jähzornig durfte er auch nie gewesen sein.

Normale Menschen lebten als Tote im Jenseits wie im richtigen Leben. Aber der König stieg auf zu den Göttern.

Oha. Millie wäre wahrscheinlich nie in die Unterwelt eingelassen worden. Eben noch, bei den Kamelmännern, ist sie hitzig und jähzornig gewesen, da hat sie einen Wutanfall bekommen. Das war nicht nett. Wenn sie aber gesagt hätte, dass das nicht wahr sei, dann hätte sie gelogen. Und dann wäre es schietegal, auch dann wäre ihr Herz von der großen

60

Fresserin, dem Nilpferdkrokodillöwen, verschlungen worden. Gut, dass Millie keine ägyptische Königin ist.
Aber woher weiß Hassan das alles?
»Das haben die alten Ägypter festgehalten. Sie haben es auf die Särge der toten Könige geschrieben oder auf Papyrus gemalt.«
»Püpa… Papü… Was ist denn das?«
»Papyrus ist Papier, das man aus Pflanzen herstellt, aus Schilf. Wir werden morgen in eine Papyruswerkstatt gehen und uns das anschauen.«
Papier aus Schilf? Na, das glaubt Millie erst mal nicht. Das muss sie sehen. Und wird das schwierige Wort nicht schon wieder mit Ypsilon geschrieben? Mann, die ägyptische Welt ist voller Ypsilons. Da kommt man ja ins Schwitzen.
Es ist aber auch die **unbarmherzige** Sonne, die Millie schwitzen lässt. Selbst Familie Klotzig mit ihren Gardinentüchern läuft das Wasser über das Gesicht.
Mario hat sein Tuch inzwischen auseinander gefaltet und hält es sich über den Kopf. Von der Wüste her weht ein leichter Wind. Die Wüste heißt Sahara. Der Wind ist ein Saharawind. Es wird doch wohl kein Sandsturm werden?
Weil der heiße Wind Marios Gardine wehen lässt, sieht das wie ein Zeltdach aus. Da passen doch zwei drunter. Oder?
»Wie denn das?«, fragt Mario.

61

Wie?

Na so!

Zu zweit klappt das mit dem Zeltdach noch besser. Jeder braucht nur eine Ecke festzuhalten. Arme hochstrecken. Schon kann man im Schatten spazieren gehen.

Ist das nicht ulkig, dass Mario Millie unter sein Dach lässt? Eigentlich kann er Mädchen nicht leiden.

Heh, Mario, stimmt das?

Er sagt: »Hach. Doch nicht alle! Meistens nur meine Schwester. Sie denkt, sie ist was Besonderes, weil sie zwei Jahre älter ist als ich. Und meine Eltern halten immer zu ihr. Das sind drei gegen einen.«

»Wenn Trudel und ich gegen dich zusammenhalten würden, wären wir zwei gegen einen«, sagt Millie. »Das ist dann auch die Mehrheit.«

Mario schaut Trudel misstrauisch an.

Na, das kann man doch gleich mal ausprobieren.

»Trudel, soll ich Mario ärgern? Machst du mit?«

Trudel versteht Millie nicht ganz genau. Zuerst guckt sie nur dumm. Aber dann sagt sie: »Tudelmachmahio.«

Es ist nicht klar, was Trudel meint. Und Mario hat jetzt was, worüber er nachdenken kann. Jedenfalls hat er Millie unter sein Dach gelassen. Und wie sie nun mit fliegender Fahne über die Reste des Totentempels vom König rumflitzen, kann

62

man es in der sauheißen Wüste ganz gut aushalten. Geteiltes Leid ist halbes Leid.

Alle Tempel in der Nähe der Pyramiden hat König Käfer gebaut. König Käfer ist der Sohn von König Klops. Die Könige hatten viele Tempel. Totentempel. Taltempel. Da soll einer noch durchfinden!

Im Taltempel ist es kühler als draußen, weil die hohen Steinwände Schatten spenden. Die wurden zum Glück nicht platt gemacht. Aber viel zu sehen gibt es hier im Tempel nicht. Alles, was es mal anzugucken gab, wurde ins Museum geschafft. Weil es sonst die Räuber geklaut hätten.

Und wozu war der Taltempel da?

Das ist eine eklige Geschichte. Hier wurde die Mumplifitzierung durchgeführt. Oder heißt das Mumpitzifierung? »Mumifizierung«, verbessert Mama. Mama ist eine alte Besserwisserin.

Weil die Menschen im Jenseits ewig leben wollten, hat man sie haltbar machen müssen. Für die Mumifizierung war Gott Anubis zuständig. Der trug den Kopf eines Schakals. Also sah er aus wie ein Hund.

Die Toten wurden mit Salz und Öl und Kräutern eingerieben. Dann hat man sie in Stoff gewickelt. Die inneren Organe hat man in Töpfen aufbewahrt. Nur das Herz durfte der Mensch behalten,

weil es im Jenseits gewogen wurde. Wenn der tote König alle
Prüfungen drüben bestanden hatte und sein Herz nicht von der
großen Fresserin verspeist wurde, durfte der Körper seine Seele
treffen und ewig leben. Und bevor der tote König in die Pyramide
gebracht wurde, hat ein Priester dafür gesorgt, dass er später in
der Unterwelt wieder sehen, atmen, sprechen und essen konnte.
Der Priester hatte dafür ein Instrument und tat so, als wäre er der
Begräbnisgott Anubis. Er trug deshalb eine Maske, die aussah wie
ein Schakal.*

Schluss mit der Geschichte. So was von ekelhaft! Millie hält
sich die Ohren zu, aber Mario muss grinsen.
Und was macht die doofe Ziege Mercedes? Sie zieht ein an-
gewidertes Gesicht, aber sie hört atemlos zu. Der wird ja von
nix schlecht!
»Jetzt aber ab zum Sphinx«, sagt Mama. »Wir brauchen nur
um die Ecke zu laufen.«
Was ist das für ein Ding? Pfingst ... was?
»Das ist ein Mischwesen, halb Mensch, halb Tier«, sagt
Mama. »Ein Löwe mit einem Männerkopf. Den Sphinx hat
König Chephren bauen lassen und er soll seinen Vater König
Cheops darstellen.«
Ach, dann ist der Pfingstlöwe wohl König Klops. Mal sehen,
wie der aussieht.

Huch, dem haben sie ja die Nase abgeschlagen. Und so richtig heil ist er untenherum auch nicht mehr. Na ja, wenn man über viertausend Jahre alt ist und der Sandsturm einem ständig um die Nase fegt ...

»Dass er ein König ist, erkennt man am Kopftuch«, erzählt Mama. »Das Tuch passt auch zum Löwenkörper, denn ein bisschen sieht es aus wie eine Mähne.«

»Und wo ist die Nase geblieben?«

»Die abgehauene Nase soll im Museum in London zu besichtigen sein. Oder sie ist futsch.«

Mama weiß auch nicht alles. Manchmal schaut sie in dem kleinen Büchlein nach, das sie mit sich herumträgt. Da stehen Sachen drin, die Hassan zu erzählen vergisst.

»Einen Königsbart hatte der Sphinx auch noch. Oder einen Götterbart.«

Auch futsch?

Abgeschlagen, geklaut und weggeschleppt?

»Ja, ein Teil des Bartes ist auch in London zu besichtigen.«

Mensch, Millie war doch schon mal in London. Doch damals hat sie leider noch nichts von der Nase und dem Bart von König Klops gewusst.

Aber eine lange Nase wird der König gehabt haben.

»König Cheops?«, sagt Mama und blättert in ihrem Ägyptenbuch. »Ein Meter siebzig soll sie lang gewesen sein.«

Boah. Ach ja, nicht die Nase vom echten König Klops, sondern die vom Pfingstlöwen.
»Und weißt du was, Mama?«
»Na was?«
»Guck mal dahinten, der Löwe hat nur eine Tatze.«
»Die anderen sind schon vom Wetter und vom Sand beschädigt.«
»Aber die Pfote mit den Puschipuschi-Zehen ist geblieben. Und weißt du auch, warum?«
»Keine Ahnung.«
»Die Pfote vom Pfingstlöwen durfte gar nicht kaputt gehen,

weil König Klops sich damit festkrallt, damit er von den Räubern nicht auch noch geklaut wird.«

»Wenn du meinst, Millie.«

Ja, so wird es sein.

So, hoffentlich gibt es hier bald mal was zu trinken.

Wahrscheinlich im Bus. Der Treffpunkt ist da vorne bei den Häusern.

Mama und Papa laufen mit Trudel in der Mitte hin. Eins-zwei-drei-hopsasa.

Ist nicht weit. Die Häuser von Gizeh sind ganz nah, fast bis an die Pfoten vom Pfingstlöwen gebaut.

Noch bevor sie dort sind, sieht Millie einen Hund aus der Wüste angelaufen kommen.

Oh, ein Hund!

Auf keinen Fall darf Millie den Hund anfassen. Wegen der Gefährlichkeit. Katzen auch nicht. Sie schaut dem Hund traurig nach. Das wäre der Hund, den sie gestreichelt hätte, wenn er zu ihr gekommen wäre. Und der wäre zu ihr ge-kommen!

Was hat der Hund denn in der Wüste gemacht? Was hat er gefressen? Steine vielleicht? Karamelnüsse?

Sie muss aufhören, sich um den Hund Gedanken zu machen. Sonst würde sie ihn doch noch anlocken.

Jetzt muss Millie machen, dass sie Mama und Papa einholt.

Der Bus wird gleich kommen und dann kann endlich der Durst gelöscht werden.

Die ganze Gruppe wartet auf dem Bürgersteig. Ein Schuhputzjunge ist da. Er möchte Herrn Klotzig die Schuhe putzen.

Herr Klotzig lässt sich das gern gefallen. Er streckt dem Jungen erst den einen, dann den anderen Fuß hin. Herr Klotzig trägt ockergelbe Lederschuhe. Das ist die gelbe Farbe aus Millies Malkasten. Und es ist die Farbe der Wüste.

Der Schuhputzjunge bürstet die Schuhe ab, er schmiert sie ein mit mittelbrauner Farbe, er wienert sie mit einem Lappen über.

Jetzt ist ein Schuh fertig. Den nächsten, bitte.

In diesem Moment kommt noch ein Schuhputzjunge vorbei. Der erste Junge ist ungefähr so alt wie der Uhu. Vierte Klasse. Der Uhu ist in Millies Schule. Er ist heftig in Millie verknallt.

Der zweite Junge ist ungefähr so alt wie Wölfchen. Ein bisschen jünger als Millie. Wölfchen kommt jetzt in die erste Klasse. Wölfchen ist Millies Freund. Einer von Millies Freunden. Der aus Mönchengladbach.

Millies Freunde sind fast alle Jungs. Bis auf Kucki. Mit Mädchen kann Millie nicht so gut. Das ist komisch. Aber deswegen wird sie auch nie gut mit Mercedes auskommen.

Eher schon mit dem armen Mario.

Dürfen Kinder denn arbeiten?

»Sie verdienen Geld für ihre Familien«, murmelt Papa. »Kinder müssen hier mithelfen, über die Runden zu kommen.«

Millie hilft zu Hause auch mit. Ein bisschen Staub wischen. Das Geschirr in den Schrank stellen. Pickepackeleicht. Schuhe putzen ist viel schwerer.

Der zweite Junge, der eben aufgetaucht ist, hat ockergelbe Schuhcreme dabei. Die würde besser zu Herrn Klotzigs Schuhen passen. Das kann jeder sehen. Aber nun ist ein Schuh schon mittelbraun. Jetzt kann man den anderen nicht ockergelb einschmieren.

Der Bus kommt. Schnell, schnell wird der zweite Schuh mittelbraun geputzt. Herr Klotzig greift in seine Hosentasche und gibt dem Jungen ein paar Münzen.

Der zweite Junge guckt traurig. Manno, dabei hatte er doch die richtige Farbe dabei!

Alles einsteigen! Der Bus wartet.

Papa greift auch in seine Hosentasche und gibt dem kleinen Jungen ein paar Münzen. Die hat er sich verdient. Obwohl er nichts getan hat. Er hatte aber die richtige Farbe und ein trauriges Gesicht. Wahrscheinlich denkt er auch, dass sie stinkreich sind. Papa, Mama, Millie und Trudel.

Stinkreich stimmt gar nicht. Aber es geht ihnen gut. Millie

braucht nicht Schuhe zu putzen, um Geld zu verdienen. Sie bekommt alles **umsonst**. Dafür wischt sie auch umsonst Staub.

Fürs Geldverdienen hat Millie Mama und Papa. Das ist doch ein großes Glück.

Der Falkengott

Zum Museum in Kairo muss man durch die ganze Stadt
fahren. Und über den Nil.
Gibt es keine schöne Geschichte über den Nil?
Doch, doch.

Der Nil fließt von weit her aus dem Bauch von Afrika bis ins
Mittelmeer. Er ist die Mutter aller Flüsse.
Tief in Afrika gibt es einen blauen und einen weißen Nil. Erst
wenn sich beide Ströme treffen, entsteht der richtige Nil.
Jedes Jahr hat der Nil das Land rechts und links überschwemmt.
Deshalb gibt es dort grüne Landstriche. Da wachsen Dattelpalmen
und Tomaten und Bohnen. Schilf, aus dem Papyrus gemacht wird.
Hinter dem fruchtbaren Land gibt es nur noch die Wüste.
Die alten Ägypter dachten, Wasser und Land wären Götter.
Und auch für den Nil gab es Götter. Einer war der Krokodilgott
Sobek. Vor dem hatten alle Menschen Angst, denn falls sie in den
Fluss stürzen sollten, wären sie rettungslos verloren gewesen.
Nicht nur Sobek, sondern auch richtige Krokodile lebten im Nil.
Und Nilpferde.

Das hat sich Millie ja schon gedacht. Leider gibt es kein
Nilpferd mehr in Kairo. Aber vielleicht da, wo der Nil noch
blau oder weiß ist?
Statt Nilpferde gibt es in Kairo Autos. Die Autos hupen
in einer Tour. Hat ein Fahrer seine Hand erst mal auf die
Hupe gelegt, hört er nicht auf zu hupen. Tuuut, tuuut,
puuut, puuut, fuuut, fuuut. Wenn tausend Autofahrer
hupen, macht das einen Höllenlärm. Trudel hält sich schon
die Ohren zu, so gewaltig ist der Krach.
Oh, da ist ja schon das schöne Museum von Kairo. Es ist rot
angemalt und liegt mitten in einem Garten. Dort ist schon
wieder so ein Pfingstlöwe mit abgeschlagener Nase zu
sehen.
Und es gibt in dem schönen Museum auch was zu essen!
Rechts, neben dem Haupteingang. Da bekommt man alles,
was das Herz begehrt: quietschbuntes Gemüse, Pommes,
fette Hamburger, gelbes Obstsalatquetschkompott und ganz
viel Hühnchen. Die Limo sieht genauso aus wie das Obstsalatquetschkompott. Muss man in Ägypten Trinken essen?
»Ich hätte gerne etwas Hühnchen«, sagt Millie.
Papa nickt, und Mama bestellt das Essen, aber nur wenig
Hühnchen. Das soll reichen, weil sie abends noch einmal
essen gehen.
Das Hühnchen liegt auf einer Seite vom Teller. Und auf

der anderen Seite gibt es Blattsalat mit einem Tomatenscheibchen.

Millie isst ein bisschen vom Hühnchen. Trudel knabbert
auch daran herum.

Papa bekommt die Knochen. Und das, wo man nicht so
leicht rankommt. Und wo Fett dran ist.

Mama hätte mehr Hühnchen bestellen sollen!

Mario ist neidisch, weil Familie Klotzig Eierreispampe mit
giftgrünen Erbsen zu essen bekommt. Das hat sich Mercedes
gewünscht.

Armer Mario.

Aus Trotz isst er gar nichts. Nicht einmal eine einzige gift-
grüne Erbse.

Jetzt muss Millie aufs Klo. Dahinten ist die Toilette. Millie
soll Trudel mitnehmen. Trudel muss nämlich auch aufs Klo.

»Hoffentlich ist die Toilette in Ordnung«, sagt Mama. Sie
pickt mit der Gabel im Blattsalat herum, der neben den
Hühnchenresten liegt.

Bevor man die Toilette erreicht, steht ein Im-Weg-Steh-
Gestell. Man muss drum herum schleichen. Dahinter sitzt
eine Frau, die mit der Hand zeigt, wohin man gehen soll,
nach links oder nach rechts.

Millie geht mit Trudel in die Richtung, in die die Klofrau gezeigt hat.

73

Hoffentlich ist es kein Plumpsklo. Das hat Mama gemeint.

Nee, ist es nicht. Es gibt sogar eine Kloziehkette.

Erst macht Trudel Pipi, dann ist Millie dran.

Hat alles geklappt.

Und jetzt mal raus.

Aber die Klofrau lässt sie nicht durch. Sie hält die Hand hin.

Na, das ist ja schon wieder so eine Geschichte. Sie hält die Hand nämlich auf. Die Frau will Geld haben.

Millie hat kein Geld. Was soll sie machen? Soll sie um Hilfe rufen?

Trudel zieht schon mächtig an Millies Hand. Sie versteht nicht, warum es nicht weitergeht. Aber jetzt hat Millie eine Idee. Sie muss ja keine Angst haben, dass man ihr ganzes Geld aus dem Portemonnaie nehmen will. Sie hat ja gar keins dabei!

Mama hat ein Portemonnaie. Das wird die Rettung sein.

»Meine Mama sitzt da vorne«, sagt Millie. »Die muss auch gleich auf die Toilette. Die bringt Geld.«

Hoffentlich versteht das die Klofrau. Millie kann ja nicht Arabisch. Nicht mal Englisch. Und vielleicht hätte sie statt Toilette *Klo* sagen sollen.

Aber die Frau hat Millie schon verstanden. Sie geht mit vor bis zu dem Im-Weg-Steh-Gestell und schaut um die Ecke.

74

»Da ist Mama«, sagt Millie und zeigt mit dem Finger in die Richtung ihres Tisches.

Die Klofrau nickt. Sie schaut sich Mama gut an. Sie merkt sich ihr Gesicht.

Gerettet!

Millie und Trudel dürfen nun zu ihrem Tisch gehen.

Mama gabelt sich vom Hühnchenteller noch ein Blatt Salat und das Tomatenscheibchen runter. Aber jetzt sollte sie mal auf die Toilette gehen.

»Dahinten ist eine richtige Toilette«, sagt Millie.

»Hmhm«, sagt Mama.

»Da ist nur so ein Im-Weg-Steh-Gestell.«

»Hmhm«, sagt Mama.

»Da kann man aber einfach drum herum gehen.«

»Hmhm«, sagt Mama.

Millie schaut hinüber zur Toilette. Hach, die Klofrau steht immer noch da und wartet auf Mama.

»Und die Toilette ist in Ordnung«, meint Millie.

»Hmhm«, sagt Mama.

Meine Güte, wie Mama sich auf den Salat konzentriert. Hört sie überhaupt zu?

»Mama«, versucht Millie es wieder, »musst du nicht auch aufs Klo?«

»Nö«, sagt Mama. »Ich muss nicht.«

75

Schade.

Was nun?

Und die Klofrau guckt immer noch.

Ach, was ist Millie blöd! Sie kann Mama doch einfach erzählen, was los ist!

Jetzt hört Mama zu. Dann sagt sie: »Ja, dann sollte ich wohl mal hingehen. Sonst würdest du ganz schön dumm dastehen, was? Wenn du der Frau Geld versprochen hast!«

Mama nimmt das Geld für die Klofrau vorsichtshalber schon jetzt aus ihrem Portemonnaie. Damit die Frau nicht denkt, dass sie stinkreich sind.

Dann bringt Mama die Sache endlich in Ordnung.

Es wird auch Zeit. Hassan scheucht sie auf. Der Geschichtenerzähler will sie durch das Museum führen.

Von der riesigen Eingangshalle aus führt ganz hinten eine Treppe nach oben. Komisch, dass dort so viele Leute hinaufdrängen. Was gibt's denn da zu sehen?

»Bestimmt ist dort der Schatz des Tutanchamun. Und die berühmte Totenmaske.« Papa weiß es nicht ganz genau. Aber er hat richtig geraten.

Warum haben die alten Ägypter bloß so schwer zu merkende Namen?

Tutschimond.

Na schön.

76

Millie will später auch die Treppe hochsteigen und sich König Tutschimond anschauen.

Heißt der denn überhaupt noch König oder muss man schon Pharao sagen? Nicht Pfarrer! Pha-ra-o. Ab wann muss man das denn sagen?

Ab jetzt.

Und da ist auch schon König Klops. Ist er das wirklich? *Pharao Cheops* steht da. Dann muss er es tatsächlich sein. Wie klein der ist! Klitzeklein. Er würde in Millies Hand reinpassen. Richtig niedlich! Und er grinst auch noch sehr nett. Im Saal nebenan steht König Margarine. Echt? *Pharao Mykerinos*. Stimmt. König Klops ist der Opa von König Margarine. Falls Millie richtig aufgepasst hat.

Ah! Endlich sieht Millie auch die betrunkene Göttin. Sie erkennt Hathor an den Kuhhörnern. Die Göttin ist ziemlich nackt. Ist ja auch heiß genug in Ägypten. Oder sie trägt ein Schleierkleid. Genau kann Millie das nicht erkennen. Ist ja alles aus Stein.

Nächstes Zimmer.

Ja, da ist König Käfer. *Statue des Chephren* steht da geschrieben. Er ist genauso groß wie Mama. Einsachtundsechzig. Und er sieht klasse aus. Besser als sein Vater, König Klops, der so miniklein ist.

König Käfer hat tolle Muckis, er trägt einen Faltenrock wie

die Schotten und auch den Königsbart. Nur ein kleines
Stückchen ist unten abgebrochen. Auf seinen Schultern sitzt
ein Vogel. Kein Wellensittich oder so. Dieser hier ist ziemlich
groß. Er breitet seine Flügel aus, als wollte er den Pharao
beschützen.
Der Vogel hat einen Namen. Nicht Hänschen. Das wäre ja für
einen Wellensittich. Er heißt Horus und ist ein Falke.
Was hat das zu bedeuten?
Das ist eine lange Geschichte. Den Anfang kennt Millie
schon.

Am Anfang gab es nichts als Wasser. Den Nil!
Plötzlich hob sich ein Hügel aus dem Wasser. Das war Gott Atum.
Später hieß Atum auch Amun oder Re.
Atum machte Wind und Regen. Windgott und Regengott. Die
schufen Himmel und Erde. Himmelgott und Erdgott bekamen
Kinder. Das waren ebenfalls Götter.
Einer der vielen ägyptischen Götter war für den grünen Land-
strich am Nil zuständig. Der hieß Osiris. Sein Bruder Seth war
der Wüstengott.
Eine Zeit lang herrschten beide friedlich auf der Erde. Dann aber
stritten sie untereinander und Seth erschlug seinen Bruder.
Er schnitt den toten Osiris in vierzehn Teile, die er im Schilf ver-
steckte. Von da an herrschte Seth allein in Ägypten.

78

Osiris Frau Isis suchte und suchte nach ihrem Mann. Sie bat die
Vögel und die Fische, ihr dabei zu helfen.
Endlich fand sie ihren toten Mann und schaffte es, die vierzehn
Teile wieder zusammenzusetzen. Anubis, der Schakalgott, wusste,
wie man Leute ewig leben lässt. Er machte Mumien aus ihnen.
Deshalb kam Osiris ins Totenreich und wurde dort der Totengott.

»Und wann endlich kommt das mit dem Falken?« Millie hat
nicht vergessen, wie diese fürchterliche Geschichte angefan-
gen hat. Der Geschichtenerzähler aber läuft mit der ganzen
Gruppe schon weiter. Mama sagt, sie erzählt gleich die Fort-
setzung, ein Momentchen noch. Mama ist wie die Prinzessin
Schneesalat.
Schnell nach gegenüber laufen. Da ist Osiris zu sehen, in
Stein gehauen. Total eingewickelt. Nur seine Hände sind frei.
Er soll ja auch eine Mumpitz-Mumie sein.
Das ist ja ein toller Museumssaal. Mit so vielen großen
Sachen drin.
Eine Nilpferdfrau mit hängenden Brusttitten. Mario weiß gar
nicht, wo er hinschauen soll. Mensch, Mario, das ist doch nur
ein Nilpferd!
Mario rennt immer neben Millie her. Oder zwischen Millie
und Trudel. Dabei hat er doch selber eine Familie. Will er sich
bei Millie anschmeicheln? Oder hat sie ihn so beeindruckt

mit ihrem Wissen über die Grüffelieros? Er will Millie wohl auf
die Probe stellen. Mit dem Finger
zeigt er auf eine Wand mit Schrift-
zeichen. Millie soll ihm übersetzen,
was da steht.
Millie muss überlegen.
Vor der Wand sitzen ein Mann
und eine Frau. Sie sind viertausend
Jahre alt. Der Mann trägt nur ein
Tuch über seinem Hmtata. Und
eine Kette. Und einen Schnurrbart.
Er ist bestimmt kein König, sondern ein normaler Mensch.

Die Frau hat ein weißes Kleid an.
Wenn sie nicht aufpasst, wird es ihr noch von den Schultern
rutschen. Sie hat viele Ketten um ihren Hals.
Millie denkt, die beiden sind bestimmt verheiratet. Sie
gucken sehr streng. Weil ihre Kinder Schularbeiten machen
sollen? Oder was?
Ach, Millie probiert mal, die Grüffelieros zu übersetzen.
»Wenn die Kinder ihre Suppe aufgegessen haben, sind sie
lieb. Sie bekommen einen Schokoriegel und die Sonne wird
scheinen.«

»Das hast du dir ausgedacht«, sagt Mario. »Es gab damals
bestimmt noch keine Schokoriegel.«

»Aber so was Ähnliches«, behauptet Millie. »Guck hier:
Das ist der Suppenlöffel. Und das da ist die umgedrehte
Schüssel. Sie ist auf den Kopf gestellt, weil sie leer ist.
Verstehst du? Die Augen heißen: Papa guckt und Mama
guckt. Zickezacke? Das ist die
Suppe. Und dieser dicke Strich
da ist der Schokoriegel.«

»Und die Schlange hier?«

»Es war Schlangensuppe«, sagt
Millie. »Und die aufgemalte
Sonne dort ist die Sonne. Klaro?«

»Jaha«, sagt Mario.

»Und soll ich dir was sagen?«,
fragt Millie.

»Jaha.«

»Ich hab mir das alles bloß ausgedacht.«

Na, da ist Mario aber erleichtert. Er dachte wohl schon,
Millie ist furchtbar klug. Ist sie gar nicht. Aber manchmal
tut sie so, als ob.

Mario hat auch was entdeckt. Nämlich, dass die ägyptischen
Könige alle rasiert sind. Die durften noch nicht mal einen
Schnurrbart haben, nur nackte Backen, glatt wie ein Popo.

81

Der Königsbart ist bloß angehängt, wie beim Karneval. An manchen Statuen sieht man sogar die Riemen, die an den Ohren befestigt sind, damit der Bart nicht runterfällt. Na, sieh mal an.

Papa hat wenigstens einen richtigen Bart. Seine Fusseln wachsen tüchtig. Man kann fast zusehen, wie sie wachsen. Und was ist die Muhkuh da? Die Muhkuh mit Halskette? Warte mal, warte mal. Das ist wieder die betrunkene Göttin mit der Sonnenscheibe zwischen den Kuhhörnern. Millie kennt sich schon aus. Hathor ist aber leicht mit Isis zu verwechseln, denn die hat auch Kuhhörner und eine Sonnenscheibe auf dem Kopf.

Jetzt könnte Mama die Geschichte von Osiris und Isis weitererzählen. Aber Mama schaut sich gerade nach Trudel um. Millies kleine Schwester ist nämlich abgehauen.

Mama läuft Trudel hinterher.

Millie rennt Mama nach.

Aber Trudel kann flitzen! Sie saust in den Saal, wo eine schöne Miezekatze liegt. Aber es ist keine Miezekatze, es ist wieder ein Pfingstlöwe. Ein sehr netter, muss Millie zugeben.

Trudel denkt, der nette Pfingstlöwe ist zum Spielen da. Oder man könnte auf ihm reiten. Er ist nicht sehr groß. So groß wie ein Schaukelpferd.

82

Aber man kann nicht auf ihm schaukeln, weil er seine
Puschipfoten eingezogen hat und auf dem Bauch liegt.
Außerdem hockt der Pfingstlöwe in einer Vitrine. Kann
Trudel das nicht sehen?
Die Vitrine ist aus Glas und deshalb durchsichtig.
Trudel rennt auf die Miezekatze zu. Millie weiß schon, wie
die Sache mit Trudel und dem Pfingstlöwen ausgeht. Sie
möchte sich am liebsten die Augen zuhalten.
Es kommt, wie Millie es sich gedacht hat.
Trudel hat das Glas der Vitrine nicht gesehen. Sie rennt voll
gegen die Scheibe. Sie platscht mit allen vier Pfoten gegen
den Glaskasten, mit den Händen und mit den Füßen. Und
natürlich auch mit ihrer Schnute.

Platt wie eine Briefmarke.

Oje, oje, oje.
Einen Moment lang ist es ganz still.
Millie hält den Atem an. Und Mama bleibt auch eine Se-
kunde lang wie **vom Donner gerührt** stehen.
Dann geht es los. Trudel brüllt, was das Zeug hält.
Gott sei Dank brüllt sie. Dann lebt sie ja noch!
Mama schnappt sich Trudel. Sie nimmt sie auf den Arm und
wiegt sie hin und her.
Trudel hat ihren Kopf auf Mamas Schulter gelegt und heult
und heult. Ganz kurz hält sie mit der Heulerei inne, als Papa

auftaucht. Sie hebt ihren Kopf. Na, der ist noch heil. Trudel wird sich die Nase und die Stirn angedotzt haben. Beide sind ein bisschen rot. Aber es fließt kein Blut. Alles ist noch einmal gut gegangen. Die Vitrine ist heil geblieben, und der Miezekatzenlöwe hat sein schönstes Lächeln aufgesetzt. Er hat einen Namen: *Sphinx Thutmosis III.*

Tütenmoses der Dritte.

Papa will der Gruppe nun ein Weilchen allein folgen. Denn Mama sucht einen Platz, um Trudel in Ruhe trösten zu können. Die kleine Schwester schluchzt jetzt in immer größeren Abständen. Und Mama erzählt die Fortsetzung der Geschichte von Isis und Osiris.

Osiris und Isis hatten einen Sohn. Der hieß Horus. Natürlich sollte er später König werden, aber der rachsüchtige Onkel Seth war neidisch und wollte Horus was Böses antun. Deshalb versteckte Isis ihren Sohn vor dem Onkel im Schilf, bis Horus erwachsen geworden war. Da setzte er sich auf den Königsthron und sagte: »Ich bin groß und stark. Ich bin Horus, der Falke.« *Doch der böse Onkel Seth gab nicht auf. Die beiden führten Krieg miteinander. Horus schaffte es, Seth mit einer Lanze zu durchbohren. Aber der Onkel blieb unverletzt.*

Schließlich kam die Sache vor Gericht. Dort saßen alle Götter, die der Erde, die des Himmels und auch Re, der Sonnengott.

Sie entschieden, dass Horus, der Falkengott, König auf Erden werden sollte. Und so geschah es auch. Horus wurde der erste König von Ägypten, und seitdem stammen alle Pharaonen von den Göttern ab.

»Und der Vogel auf der Schulter?« So ganz klar ist es Millie noch nicht geworden, warum auf König Käfers Schulter ein Falke sitzt.

»Der Falke stellt Gott Horus da. Und wenn er auf der Schulter eines Königs sitzt und die Flügel um ihn legt, dann soll das heißen, dass dieser Pharao von den Göttern abstammt und von ihnen geschützt wird.«

Ob das auch alle Menschen geglaubt haben? Ist ja egal. War eine schöne Geschichte, um Trudel zu beruhigen.

Aber kann man bei all den Göttern überhaupt noch durchfinden? Wie viele Götter gibt es denn eigentlich?

Mama hat sie nicht gezählt. Es sind bestimmt vierzehn Götter. Oder dreihundert. Oder sogar tausend Götter.

Die spinnen, die alten Ägypter.

Tutschimond

Ganz hinten im Museum, bevor es um die Ecke geht, entdeckt Millie eine alte Bekannte. Nofitätärätätä. Sie ist die schönste Königin von Ägypten gewesen. Obwohl ihr manchmal ein Auge fehlt. Wie bei ihrem Kopf in Berlin. Auch hier in Kairo hat der Bildhauer die Nofitätärätätä nicht fertig gemacht, weil ihm ein Erdbeben dazwischenkam.

»Millie, da vorne kannst du Nofretetes Mann sehen. Pharao Echnaton.«

Echter-Tom ist kein schöner Kerl. Was für ein Eierkopf!

Und wahrscheinlich hat er gerade eine fette, gebratene Ente gegessen. Er hat einen dicken **Schmerbauch** davon bekommen.

Jetzt geht es aber ab nach oben. Die anderen stiefeln schon die Treppe hoch.

Mitten auf der Treppe hat es Mercedes erwischt. Millie kennt das. Mercedes hat plötzlich Bauchschmerzen bekommen.

Ist ja klar. Wenn man Eierreispampe mit giftgrünen Erbsen gegessen hat!

Mercedes krümmt sich und drückt beide Arme gegen den Bauch. Sie ist sich jedoch zu fein, ihren Eltern zu sagen, wie sehr es in ihrem Bauch grummelt und rumort. So fein man aber auch ist, gegen Bauchschmerzen kommt keiner an.

Endlich sieht auch Frau Klotzig, was mit ihrer Tochter los ist.

»Reiß dich mal zusammen«, sagt sie zu Mercedes.

Das ist in dem Moment, als Millie beide auf der Treppe überholt und Mercedes einen fahren lässt.

Feines Mädchen!

Aber plötzlich geht es auch Herrn und Frau Klotzig dreckig.

»Hassan, wo ist denn hier die nächste Toilette?«, fragt Frau Klotzig.

Der Geschichtenerzähler macht Spaß.

»Draußen auf der Freilichtbühne«, sagt er. »Da gibt es bestimmt einen Baum.«

Die ganze Gruppe lacht und weiß Bescheid. Und für Familie Klotzig ist es **peinlich**. Obwohl die Sache natürlich ernst ist. Hassan lässt sich erweichen. Er zeigt ihnen, wo die Toilette ist. Treppe runter, die ganze Halle hindurch, dann die andere Treppe wieder rauf. Das ist ein langer Weg.

Wie die rennen können! Und Mercedes läuft schon ganz komisch mit zusammengedrückten Beinen. Bestimmt muss sie auch ihren Hintern zukneifen. Bevor es zu spät ist.

Sollen sie nun auf Familie Klotzig warten?

Ja, das macht man so. Hassan nutzt inzwischen die Zeit, um von Pharao Tutschimond zu erzählen.

87

Pharao Echnaton schaffte die vielen Götter Ägyptens ab und glaubte nur an einen Gott, das war der Sonnengott Re. Er und seine Frau, Königin Nofretete, bekamen sechs Töchter. Tutanchamun heiratete eine der Töchter und wurde nach Echnaton Pharao von Ägypten.

Die Priester der vielen Kirchentempel aber waren erzürnt, dass Echnaton ihre Götter abgeschafft hatte, und Tutanchamun musste die Verordnung wieder rückgängig machen. Doch das reichte den Priestern wohl noch nicht. Sie werden ihn umgebracht haben. Er starb mit ungefähr achtzehn Jahren, und in seinem Kopf fand man ein kleines Loch. Sein Grab hat man erst dreitausend Jahre nach seinem Tod aufgespürt. Es war von den Räubern verschont geblieben, und so fand man noch die ganze Herrlichkeit: Gold, Silber, Edelsteine. Und die Mumie von Tutanchamun!

Na, dann wollen wir mal sehen, was es heute noch davon zu sehen gibt.

Frau Klotzig ist inzwischen von ihrem Ausflug zurückgekehrt. Sie ist etwas bleich im Gesicht und entschuldigt die Familie.

»Verzeihung«, sagt sie. »Aber wir gehen besser zurück zum Hotel. Es ist so schrecklich heiß. Meine Tochter muss duschen. Wir treffen uns später, meine Lieben. Tschüschen, tschüschen.«

Ja, tschüschen, tschüschen. Wahrscheinlich ist bei Mercedes doch was schief gelaufen.

Mann, was ist Millie **schadenfroh**.

Soll sie sich deshalb schämen?

Nee.

»Komm, Mario«, sagt Frau Klotzig.

Mario mault.

»Ach, lassen sie ihn doch bei uns«, schlägt Mama vor. »Wir passen auf ihn auf.«

Nix dagegen zu sagen.

Und jetzt ist endlich der Schatz von Tutschimond an der Reihe: Wau!

Sie haben dem armen Tutschimond zum Glück auch viel Spielzeug ins Grab gelegt. Das Grab muss riesig gewesen sein, damit die ganze Pracht hineinpasste, die bemalten Puppen, die goldenen Truhen, ein Thron mit lauter Edelsteinen. Und eine Sonnenbarke aus schneeweißem Stein. Auf den toten König hat man eine Maske gelegt. Keine Karnevalsmaske. Eine sehr schöne gold und blau gestreifte Maske mit Königsbart und Grüffelieros auf der Rückseite.

Grüffelieros zu übersetzen macht keinen Spaß mehr, seitdem Mario weiß, dass Millie sich nur was ausdenkt. Dann kann sie es auch lassen.

Jetzt brauchen sie im Museum nur noch zwei Säle zu besichtigen. Es sind die Räume mit den Mumpitz-Mumien.
Trudel soll die Mumien nicht anschauen. Die sehen nämlich nicht schön aus. Sie sehen aus wie tote Leute.
Millie braucht sich die Mumien auch nicht anzugucken. Ehrlich gesagt, ihr ist schon bei dem Gedanken daran ein bisschen schlecht.

Aber Mario möchte zu den Mumien. Er hat so etwas noch nie in seinem Leben gesehen.

Mama haut mit Trudel ab.

»Ich warte draußen im Schatten auf euch«, sagt sie. »Ich kaufe schon mal was zum Trinken.«

Obwohl Papa die Mumien im Museum in London gesehen hat, will er sie noch mal angucken. Er nimmt Mario mit.

Millie bleibt am Eingang stehen.

»Hast du etwa Schiss?«, fragt Mario.

Heh, gib nicht so an!

Millie muss erst einmal tief Luft holen. Sie schielt vorsichtig um die Ecke.

Man muss sich an den Anblick von Mumien erst mal gewöhnen. Dann geht es. Man muss denken, dass sie gar keine Menschen mehr sind. Ihre Seele ist in den Himmel gefahren. In die Unterwelt. Dort geht es ihnen gut. Trallalalala.

Millie macht nun doch ihre ersten Schritte hinein in den Mumiensaal.

Es ist ganz still. Man hört nur die schlurfenden Schritte von Mario. Papas Schuhe machen leise klack-klack.

Mann, ist das feierlich. Nicht zum Aushalten.

Die Mumien haben ihre Arme über der Brust verschränkt. Die Gesichter sind richtige Totenköpfe. Mumien sind nicht schön, aber sie sehen sehr friedlich aus.

Mensch, wir wollen zusehen, dass wir rauskommen!

Oh, draußen an der frischen Luft gibt es Zitronenlimonade.

Da zwitschern die Vögel und die Fotoapparate klicken. Wie die Autos hupen. Hört sich richtig schön an. Es hört sich nämlich lebendig an.

Und **sehr** lebendig ist es auch auf dem Basar.

Ein Basar ist eine Verkaufsstraße. Wenn man nichts kaufen möchte, dann darf man keinen Verkaufsmann anschauen.

Das hat Mama nicht gewusst und das hat Millie nicht gewusst.

Millie hat sich ein hübsches Kästchen angesehen. Ein schwarz-weiß-buntes Glitzerkuller-Zickezacke-Sternmuster-Kästchen. Wenn sie so eins besitzen würde, dann könnte sie wunderbare Dinge reintun. Perlenketten. Goldene Ohrringe. Ein Freundschaftsbändchen aus lauter echten Edelsteinen.

Der Verkaufsmann auf dem Basar weiß, dass Millie sich das Kästchen überhaupt nicht leisten kann. Millie hat ja gar kein Geld.

Stimmt.

Der Verkaufsmann denkt, dass Mama Geld hat.

Das stimmt ebenfalls.

Mit dem Schmuckkästchen in der Hand läuft der Verkaufsmann Mama hinterher.

Er jammert sehr. Millie könnte das nicht besser machen.

Aber Mama schüttelt den Kopf. Sie will Millie das Kästchen nicht kaufen.

Der Verkaufsmann lässt nicht locker. Er läuft Mama immer wieder vor die Füße.

»Wie viel?«, fragt er.

Ach, er spricht nicht nur Arabisch. Er kann alle Verkaufssprachen der ganzen Welt.

»How much?«

Was?

Hau matsch? Wie viel? Haddumickimacki und Wattukullikenn?

Ach, Mama, sag doch zehn. Oder neun. Mama kann es so billig machen, wie sie will. Sie kann den Preis festsetzen.

Das ist doch sehr nett von dem Verkaufsmann.

Mama ist stehen geblieben. Sie schüttelt wieder den Kopf.

Aber sie lacht dabei. Sie findet **die Situation** wohl sehr lustig.

In diesem Moment haben alle Verkaufsmänner auf dem Basar gesehen, wie freundlich Mama ist. Sie hat so ein nettes Lächeln, dass sie denken, Mama kauft ihnen die ganze Ware ab. Die T-Shirts, die Hemden, die Halstücher. Das Glitzerkuller-Zickezacke-Sternmuster-Kästchen.

Die Verkaufsmänner umringen Mama. Sie kann nicht vor und nicht zurück. Und sie lacht immer noch.

Mama kann den Kopf schütteln, so viel sie will – niemand glaubt ihr, dass sie nichts kaufen wird.

Und sie haben Recht. Mama hat ein schönes Tuch entdeckt, da sind lauter ägyptische Götter und Pharaonen drauf. Die betrunkene Göttin und sogar Tutschimond.

»Wie viel?«, fragt Mama.

»Wie viel?«, fragt der Verkaufsmann.

Mama zuckt mit den Achseln.

»Hundert«, sagt der Verkaufsmann.

Wie viel ist hundert? Ist es viel oder ist es wenig?

Jedenfalls hört sich hundert nach viel an, nach viel zu viel.

Pass bloß auf, Mama.

Ja, Mama passt auf. Sie greift nicht gleich nach dem schönen Tuch.

Der Verkaufsmann geht mit dem Preis ordentlich runter. Er sagt: »Neunzig«, dann sagt er: »Achtzig«, und dann landet er bei: »Siebzig.«

Da greift Mama zu.

Und das Glitzerkuller-Zickezacke-Sternmuster-Kästchen?

Was ist damit?

Nichts ist damit.

Papa ist ziemlich entsetzt, als er von Mamas Einkauf erfährt.

Er hat sich bei dem Gang über den Basar nichts angesehen, keine T-Shirts, keine Hemden, keine Halstücher. Auch kein

94

Glitzerkuller-Zickezacke-Sternmuster-Kästchen. Er ist mit
Trudel auf dem Arm über den Basar marschiert und hat
über die Köpfe der Leute hinweggeschaut.

»Na«, sagt er. »Da seid ihr aber schön reingefallen.«
Wer ist reingefallen? Millie doch nicht.

Mama sagt: »Das Tuch war ganz billig.«

»Wie viel?«, fragt Papa, als wäre er ein Verkaufsmann.

»Siebzig«, sagt Mama.

»Viel zu teuer«, sagt Papa.

Papa hat doch **keine Ahnung**. Siebzig ist doch viel billi-
ger als hundert!

Endlich haben sie den Basar durchquert. Sie landen auf
einem schönen Platz. Mama hat sich das Tuch um den Hals
gebunden und schaut im Stadtplan nach, wo sie sich be-
finden.

»Aha«, sagt sie. »Wir sind genau am Al-Hussein-Platz. Und
hier steht auch die berühmte Hussein-Moschee.«

An einer Seite der Moscheekirche ist so ein langer, dünner
Turm zu sehen. Ach ja, von so seinem Turm hat heute Morgen auch der Mützi gerufen.

»Millie«, ermahnt Mama. »Mach dich nicht lustig über den
Muezzin.«

»Mach ich ja nicht«, mault Millie. »Ich kann nur all die Namen nicht behalten.«

95

»Sie sagt auch *Tutschimond* zu Tutschimond«, sagt Mario.

»Oh Mann!« Was ist Mario für ein Petzer. Und dabei weiß er es selber nicht.

»Wie soll er denn sonst heißen?«, fragt Millie. »Wenn du es schon so genau weißt.«

»Tütenanker«, meint Mario.

»Du bist selber so ein Tütenanker.« Millie zeigt ihm einen Vogel.

»Seid friedlich, Kinder.« Papa hat nämlich was vor. Er möchte in die Hussein-Moschee gehen.

»Ich glaube, Touristen dürfen da gar nicht rein«, sagt Mama.

»Und wenn sie dich reinlassen, denk dran, dass du dir die Schuhe ausziehen musst.«

»Ist schon klar«, sagt Papa.

Dann tigert er los.

Es dauert eine ganze Weile, bis Papa wieder rauskommt. Er sieht ein bisschen verdattert aus.

»Was war los?«, fragt Mama.

»Papa hat gebetet«, sagt Millie. »Heute Morgen wollte er doch nicht. Als der Mützi gerufen hat. Deshalb musste er jetzt beten.«

»Nee«, sagt Papa.

Mama lässt nicht locker. »Wollten sie dich nicht in die Moschee lassen?«

96

»Doch, doch«, sagt Papa. »Ich habe meine Schuhe ausgezogen und bin ganz leise reingeschlichen.«

»Und dann?«

»Dann war da dieser Mann.«

»Was für ein Mann?« Mama verdreht die Augen. »Nun lass dir doch nicht alles aus der Nase ziehen. War der Mann nicht nett zu dir?«

»Doch«, beeilt sich Papa zu sagen. »Er war – ich weiß nicht was – ein Geistlicher, ein Imam vielleicht, jedenfalls gehörte er zur Kirche.«

»Na schön«, sagt Mama. »Und dann?«

»Der Imam war sehr nett. Er hat mir gleich einen Tee angeboten.«

»Malventee?«, fragt Millie und ihre Augen werden kugelrund. Malventee ist Göttertrank!

»Keine Ahnung«, sagt Papa. »Malventee oder Pfefferminztee oder so was. Ich habe nicht darauf geachtet. Ich fand es prima, dass er mir was zu trinken geben wollte.«

»Nun spann uns doch nicht so auf die Folter.«

»Ich habe den Tee getrunken«, fährt Papa fort. »Na ja. Der hat gut geschmeckt, doch, das hat er.«

»Und?«

»Dann hat der Imam die Hand ausgestreckt. In Ordnung, dachte ich, ich gebe ihm eine Spende.«

»Wie viel?«, fragt Mama, als wäre sie ein Verkaufsmann.

»Ich dachte, ich gebe ihm zwanzig. Aber er hielt weiter die Hand auf.«

»Wie viel hast du ihm gegeben?«, fragt Mama. »Ich meine, insgesamt, als er aufgehört hat, die Hand aufzuhalten.«

»Als er aufgehört hat, die Hand aufzuhalten?« Papa kratzt sich seinen Fusselbart.

»Ja, das meine ich«, sagt Mama. »Ganz zum Schluss. Wie viel?«

»Siebzig«, sagt Papa. Dann muss er grinsen.

Jetzt lachen alle schallend. Alle, die die Geschichte richtig verstanden haben, das sind Papa, Mama, Millie und Mario. Nur Trudel lacht nicht. Sie ist noch ein richtiges Dummchen.

»Na, dann sind wir ja quitt«, sagt Mama.

Schwabbeldabbelbauchwackeltanz

Noch am nächsten Morgen ist die ganze Klotzig-Familie krank. Frau Klotzig kommt mit blassem Gesicht in den Frühstücksraum geschlichen. Sie möchte Pfefferminztee trinken und fragt nach Medizin.

Mama hat immer alles für den Notfall dabei: Papiertaschentücher, süße Bonbons und saure Bonbons, eine Sicherheitsnadel und Kopfschmerztabletten für den Bauch. Auch was gegen Durchfall.

»Geht es Ihnen denn sehr schlecht?«, will Mama wissen.

Frau Klotzig sagt: »Ach, es sind nur Magen- und Darmverstimmungen. Es hat uns alle erwischt.«

Durchfall heißt auf Vornehm also Magen- und Darmverstimmung, aha. Und sie lügt. Es hat nicht alle erwischt. Mario ist die Ausnahme.

»Könnten Sie sich heute noch einmal um unseren Sohn kümmern?«, bittet Frau Klotzig. »Wir wären Ihnen äußerst verbunden.«

Aber ja.

Frau Klotzig zieht mit Mamas Tabletten ab. Sie dreht sich noch einmal mit schmerzverzerrtem Gesicht um.

»Vielen Dank für die Medizin«, sagt sie. »Was bin ich Ihnen schuldig?«

Nix.

Mario ist froh, dass er nach dem Frühstück mit auf Tour gehen darf. Und wo geht es hin? Wie heißt das noch? Papyruswerkstatt. Mit Ypsilon!

Bevor sie da reingehen können, müssen alle Besucher erst einmal einen Sprung zur Seite machen. Eine Frau ist aus der offenen Eingangstür gekommen und schüttet Wasser aus einer Schüssel einfach so auf die Straße. Es klatscht und es spritzt. Staub wirbelt hoch. Kein Mensch stört sich dran. Auch nicht die alten Männer, die vor der Tür auf Hockern sitzen und sich an der Sonne freuen.

Aber jetzt dürfen sie rein in die Werkstatt.

Ritscheratsche, ritscheratsche, so schneiden sie hier die Schilfstängel in dünne Streifen. Eine Frau führt das vor und alle Besucher der Werkstatt dürfen links von ihr am Tisch stehen und zusehen. Trudelchen muss sich zwar auf die Zehenspitzen stellen, um alles mitzukriegen, aber das macht ihr nichts aus.

Die geschnittenen Streifen legt die Papierfrau in eine Schüssel mit Wasser, weil das Schilf biegsam werden soll. Das dauert Stunden oder Tage.

Haben sie denn so viel Zeit?

Nein! Natürlich nicht. Deswegen hat die Papierfrau die
Streifen schon vorbereitet. Letzte Nacht oder letzte Woche.
Bitte alle zur Mitte rüberrutschen.

Schurrr, schurrr, schurrr machen die Schuhe. Nur Trudels
Schuhe nicht. Trudel steht immer noch auf Zehenspitzen. Sie
hat ihre Hand in die Wasserschüssel gesteckt und spielt mit
den Papyrusstreifen Schiffchen.

Wenn das die Papierfrau sieht!

Mama sieht es. Sie lässt Trudel gewähren. Die hält dann Ruh.

Nun werden die Papyrusstreifen über- und untereinander
gelegt, so wie Millie es früher im Kindergarten bei den
Flechtbildern mit Buntpapierstreifen gemacht hat. Heh,
Mario, du warst doch auch dabei!

Wenn die Flechtbilder fertig sind, dann müssen sie trocknen.
Die Papierfrau häuft Schicht für Schicht aufeinander. Wenn
ein ordentlicher Stapel zusammengekommen ist, legt sie
ihn in eine Presse und kurbelt an der Drehschraube. Das
Wasser fließt raus. Nun muss das Papier trocknen. Das
dauert bestimmt wieder viele Tage.

Haben sie denn so viel Zeit?

Nein! Natürlich nicht.

Deswegen hat die Papierfrau den getrockneten Papyrus
schon vorbereitet.

Bitte alle nach rechts wandern.

Was macht Trudel?

Sie hat beide Hände in die Wasserschüssel gesteckt und knüllt die Papyrusstreifen zusammen. Sie macht einen Ball draus.

Wenn das die Papierfrau sieht!

Millie sieht es, aber Mama sieht es dieses Mal nicht. Millie lässt Trudel gewähren. Dann hält sie weiterhin Ruh.

In der Werkstatt hat man viele, viele Papyrusblätter hergestellt und bemalt. Als wäre es Zeichenpapier.

Und es hat funktioniert! Aus Schilf ist Papier geworden. Das haben die alten Ägypter erfunden. Die waren die reinsten Erfinder. Zuerst haben sie die Schrift erfunden. Aber wodrauf sollten sie schreiben? In den Sand?

Gute Idee. Aber wenn der Saharawind wehte, konnte man die Schrift nicht mehr lesen. Da haben sie die Wackersteine erfunden, damit sie die Buchstaben einritzen konnten. Die Grüffelieros. Und danach kam die Erfindung von Papier, auf das sie ihre Geschichten dann geschrieben haben.

Die Papiergeschichten wurden zusammengerollt und den toten Königen mit ins Grab gegeben. Damit die Könige wussten, was sie sagen sollten, wenn sie vor dem Totengericht standen. Falls sie es vergessen hätten. Zum Beispiel die Sache mit dem Wutanfall!

In der Papyruswerkstatt kann man auch Papierrollen kaufen.

Welche mit Königinnen drauf oder mit dem Nil oder den Pyramiden.
Papa kauft eine Rolle Papyrus, da ist ein Pharao mit seiner Königin drauf. Und noch ein Falke und eine Karamelnuss. Schön!
Während sie das Bild bewundern, schreckt Mama hoch.
»Wo ist das Kind geblieben?«
Das Kind ist Trudel. Sie ist dabei, die Wasserschüssel rauszutragen. Sie hat genau aufgepasst und wohl gedacht, was die Papierfrau kann, das kann sie auch. Trudel will das Wasser draußen ausschütten. Wenn das mal gut geht!
Einige Leute stehen im Eingang zur Werkstatt und versperren Trudel den Weg.
Trudel ist ärgerlich. Sie brüllt: »Wegda, fottifottimensss.«
Aber da geht die Sache schon schief. Die Schüssel ist zu schwer. Das Wasser schwappt und schwappt und ergießt sich über Trudel, über Bauch und Beine und die Sandalen. Das Wasser macht eine große Pfütze auf dem Boden der

Werkstatt. Darüber ist Trudel sehr erstaunt. Sie schaut sich
Hilfe suchend um.

Die Papierfrau kommt angerannt.

Au weia. Gibt es jetzt Schimpfe?

Nein. Die Papierfrau ist nett. Sie freut sich, dass Trudel ihr
bei der Arbeit helfen wollte. Sie öffnet Trudel sogar die Tür,
damit die kleine Schwester auch das letzte Tröpfchen Wasser
draußen ausschütten kann. Die Frau lächelt, und die alten
Männer auf den Hockern vor der Tür lächeln auch.

Na, hat der Mensch denn so was schon gesehen? Kein Ge-
schimpfe, kein Geschrei.

Für Kinder ist es sehr gemütlich in Ägypten. Obwohl ... für
die Schuhputzjungen wird es nicht immer gemütlich sein.

Die müssen ganz schön **rackern**. Sie bekommen auch keine
Ferien wie Millie, die so oft verreisen darf.

Heute ist die Reise noch nicht zu Ende, es ist aber der letzte
Abend in Kairo. Da wird gefeiert.

Der Bus bringt alle Gäste an den Nil. Denn die Feier findet
auf einem Schiff am Fluss statt.

Die Nacht ist dunkel. Der Mützi hat schon längst zum letzten
Gebet gerufen. Ja, ja: der Muezzin.

Oh, wie das Schiff leuchtet. Wegen der hell scheinenden
Fenster und der tausend glühenden Lichterketten erstrahlt
es wie ein Weihnachtsbaum.

Millie ist sehr feierlich zu Mute. Sie kommt sich vor wie eine Königin. Auch die Leute von der Schiffsmannschaft sehen aus wie die alten Ägypter. Alle tragen schöne Gewänder.

Familie Klotzig hat ihre Verstimmungen überlebt. Klar, Mamas Medizin hilft immer. Leider müssen sie alle an einem Tisch sitzen. Papa sitzt ganz am Rand, da, wo eine kleine Bühne aufgebaut ist.

Millie schaut in die Runde. Oje, Mario hat vielleicht eine schlechte Laune! Weil Mercedes neben ihm sitzt.

Mama und Papa unterhalten sich mit Herrn und Frau Klotzig. Deshalb kann Mama heute Abend keine schönen Geschichten mehr erzählen.

Gut, dass die alten Ägypter nun große Essensschüsseln vorne auf den weiß gedeckten Tisch tragen. Davon darf man sich selber nehmen. Das nennt man Büfett.

Man muss aber erst mal hinkommen.

Millie versucht, ihren Stuhl nach hinten zu schieben. Das funktioniert jedoch nicht. Der Stuhl ist nämlich ein ägyptischer Königsthron mit Gold und Silber drauf. Er ist so schwer, dass man ihn nicht alleine nach hinten schieben kann. Einer von den verkleideten alten Ägyptern muss kommen und Millie helfen.

Mama geht mit ans Büfett. Papa passt währenddessen auf

Trudel auf. Die kleine Schwester braucht ihren Thron nicht zu verlassen.

Was gibt es denn zu essen?

Nichts, was Millie kennt.

»Hast du keine Nudeln mit roter Soße?«, fragt sie einen Ägypter.

Der beugt sich zu Millie hinunter und lächelt. Er hat sie nicht verstanden.

Mama muss helfen.

»Was willst du haben?«, fragt sie.

»Nudeln mit roter Soße.«

»Spaghetti mit Tomatensoße? Aber Kind, das gibt es doch auch zu Hause. Das ist doch nichts Besonderes.«

Millie braucht nichts Besonderes, sie braucht nur Nudeln mit roter Soße.

Gibt's hier nicht.

Millie mault.

Mama legt ihr einen dünnen braunen Flatschen und ein bisschen weißen Matsch auf den Teller.

Kann man das denn essen?

Ja, ja. Trudel isst so was.

Trudel isst immer alles, was Mama ihr auf den Teller füllt.

Auch braune Flatschen mit weißem Matsch.

Dann wird das wohl in Ordnung sein.

»Schmeckt's?«, fragt Mama.

»Lecka«, sagt Trudel.

Da schmeckt es sogar Millie.

Familie Klotzig passt mit dem Essen noch auf. Alle haben sich nur gelbe Suppe mit grünen Kringeln oder grüne Suppe mit gelben Kringeln geholt.

Frau Klotzig zieht entschuldigend eine Schulter hoch. »Wir müssen noch auf uns achten«, sagt sie. »Keine schweren Sachen und vor allen Dingen keinen süßen Nachtisch.«

Mario aber isst nichts. Er starrt nur auf Trudels Teller, dann zu Millie hinüber. Plötzlich stürmt er doch los, dahin, wo die alten Ägypter inzwischen die leeren Schüsseln gegen volle ausgetauscht haben.

Mario nimmt sich keine Kringelsuppe. Aber auch keine Flatschen oder Matsch. Mario lädt sich **ausschließlich** Nachtisch auf den Teller.

Der Teller ist so voll, dass er ihn vorsichtig zurückbalancieren muss.

Was hat er sich denn da geleistet?

Zwei dicke Schokoladenklackse mit Streuselchen, einen Vanilleerdbeerpuddingkranz, drei Sahnehäubchen mit Kringelkurven, lilagelbe Joghurtcreme, Roteis, Blaueis und Weißeis mit Splittern drin. Mein lieber Mario, das kannst du doch gar nicht alles aufessen!

Millie kann eigentlich viel Nachtisch auf einmal schaffen. Sie schafft neun Bällchen Eiscreme. **Ungelogen**.

Aber was Mario sich auf den Teller geklatscht hat, ist **phä-no-me-nal**.

Wie Mercedes guckt! Und auch Trudel ist **fasziniert**.

Mario haut rein. Ein Löffel Schokoladenklacks, ein Löffel Vanilleerdbeerpudding, ein Löffel Sahne, ein Löffel Joghurtcreme und ein Löffel Blaueis. Noch ein Löffelchen Sahne. Dann ist Schluss. Mario ist kurz vorm Platzen. Er schiebt den Teller weit von sich.

Millie hat es gewusst. Jetzt hilft eigentlich nur ein Bäuerchen. Aber jetzt wird's lustig. Direkt neben dem Esstisch steht diese kleine Bühne. Es wird Musik gemacht.

Zuerst singt eine Barbiepuppe hübsche Lieder: *Öhöhöhöhöh.*
Sie singt fünf Lieder. *Öhöhöhöhöh.* Und so weiter.
Mercedes sagt: »Das kann ich auch. Ich bin ja im Musik-
verein.«
Trudel schaut Mercedes bewundernd an. Als ob sie es ver-
stünde!
Nach der Barbiepuppe ist ein verkleideter Mann an der
Reihe. Er trägt einen Frauenrock in Rot und Gelb und Grün
und Blau. Unter dem Frauenrock hat er noch einen Frauenrock an. Das sieht man, als er zu tanzen anfängt. Er tanzt
schnell und immer schneller und seine Röcke wehen hoch
und höher.
Unter dem zweiten Frauenrock trägt er noch einen Frauenrock. Und darunter noch einen. Und noch einen. Und noch
einen. Einen weißen, einen roten, einen blauen und so weiter
und so weiter. Während er sich dreht, fliegen die Röcke so
hoch, dass sie wie Teller flach in der Luft liegen.
»Das kann ich auch«, sagt Mercedes. »Ich bin doch im Tanz-
verein.«
Soll Millie sie jetzt auch noch bewundern?
Mama ist ganz angetan von dem Mann in Frauenröcken.
»Der tanzende Derwisch«, sagt sie ehrfurchtsvoll.
Der Wisch, der hört gar nicht auf zu tanzen. Er bewegt sich
auf einer winzigen Stelle immer rum und rum und rum.

Eigentlich müsste er jetzt umfallen, weil ihm schwindelig geworden ist.

Aber der Wisch fällt nicht um. Die Leute klatschen.

Hört er jetzt auf zu tanzen? Nein, auf keinen Fall.

Deshalb klatschen die Leute noch mehr.

Da wird dem Wisch ein Säbel zugeworfen. So ein schwarzes, krummes Schwert mit goldenen Zeichen und blitzender Klinge. Und wie er so tanzt, rum und rum und rum, da hebt der Wisch den Säbel und lässt ihn mit sich sausen.

Die Klinge schneidet die Luft, es zischt, und dann fegt die Klinge auf Papa zu und nur um Haaresbreite an seinem Hals vorbei. Alle Leute schreien auf, Mama auch, und Millie schreit am lautesten, das ist doch wohl klar.

Papa ist so erschrocken, dass er gar nichts gemacht hat. Und das ist gut so. Denn hätte er sich bewegt, wäre sein Kopf abgeschlagen worden. Oh du meine Güte.

Papa wischt sich den Schweiß von der Stirn und der Wisch hört auf zu tanzen. Er lacht, und die Leute klatschen wie verrückt. Aber was wäre, wenn …

Nicht auszudenken.

Nach dem Wisch soll eine Bauchtänzerin drankommen. Was wird das wohl sein? Millie kann sich gar nichts darunter vorstellen.

Ah! Da ist die Bauchtanztante.

Huch. Sie hat nicht viel an. So wenig wie ein Badeanzug, der oben und unten nur aus was Klitzkleinem gemacht ist. Oben hat die Bauchtanztante ihre Bonbons in einen lila Busenhalter gepackt, und unten hat sie vorne Flitterstoff und hinten Flitterschwänzchen.

Silberne Schuhe.

Und ihren Bauchnabel kann man voll sehen. Auch ein bisschen Schwabbel drum herum.

Die Musik legt los, und die Bauchtanztante fängt an, sich zu bewegen. Sie lässt ihre Tittileins wackeln und den Schwabbel um den Bauchnabel herum. Sie kreist mit den Hüften und hört gar nicht auf, ihren Popo durchzuschütteln.

Das ist der Schwabbeldabbelbauchwackeltanz.

Ist das nicht toll?

Millie ist sich nicht sicher. Aber die Leute kreischen **vor Vergnügen**. Der Bauchwackeltanz ist zum Lachen.

»Das kann ich auch«, sagt Mercedes.

Ach so. Dann ist sie wohl im Bauchwackel-Verein. Wahrscheinlich ist sie auch noch im Qietschflöten-Verein und im Pokemonfernseh-Verein und im Freundschaftsbändchen-Verein.

Soll sie doch.

Papa macht ein Foto von der Bauchtanztante. Sie lächelt extra schön.

Da fällt ihr Blick auf Millie. Sie kommt ein paar Schritte näher. Sie will Millie die Hand reichen. Wozu denn das? Die Bauchtanztante möchte Millie auf die Tanzfläche ziehen. Aber Millie kann doch gar keinen Bauchwackeltanz. Sie ist in keinem Verein. Sie kann gar nichts. Außer ein bisschen lesen und rechnen und krumme Topflappen häkeln.
»Geh nur«, sagt Mama. »Hab etwas Spaß.«
Aber Mama! Weißt du nicht, wie schrecklich das ist?

Millie fand es schon immer schlimm, ganz vorne zu stehen.
Zum Beispiel, als der Weihnachtsmann im Kindergarten
Millie aufgerufen hat. Zum Beispiel, wenn Frau Heimchen
Millie in der Schule nach vorne bittet, damit sie ein Gedicht
aufsagt. Zum Beispiel, als Millie das Superlos auf der Kirmes
gewonnen hat und hoch auf das Treppchen zum Glatzkopf
musste. Das alles war fürchterlich.

Nein, da kann die Bauchtanztante ihre Pfote ausstrecken,
so lange sie will ... Millie wird keinen Fuß auf die Bühne
setzen. Sie verschränkt die Arme vor ihrer Brust und presst
die Lippen fest aufeinander. Mama und Papa werden wissen,
was das bedeutet. Mit Millie ist nichts mehr anzufangen.
Schluss. Aus. Da kann die Bauchtanztante noch so viel
schwabbeldabbeln.

Knackknack

Am nächsten Morgen verlassen sie sehr früh Kairo. Heute
geht es nach Luxor. Das liegt natürlich auch in Ägypten.
Direkt am Nil.
Wie kommt man dahin? Auf Kamelen etwa? Das wäre Millie
am liebsten, aber dann könnten sie es nicht an einem Tag
schaffen.
Am schnellsten geht es mit dem Flugzeug. Von Kairo bis
Luxor braucht das Flugzeug nur einen Hopser zu machen.
Hops sind sie da. Und vom Flughafen in Luxor geht es hops
gleich weiter auf ein Schiff.
Es ist ein tolles Schiff. Es trägt den Namen *Miss Egypt*.
Miss heißt Fräulein und *Egypt* ist englisch für Ägypten.
Alles klar?
Die Schiffe liegen am Ufer des Nils. Hier ist der Fluss schon
ziemlich blau. Das Land rundherum und die Häuser sind
wieder gelb. Im Schatten ein bisschen graugelb und im grel-
len Sonnenlicht goldgelb. Die wenigen Bäume haben grüne
Kronen oder grüne Palmwedel. Ein paar Hügel gibt es auch.
Danach kommt gleich die Wüste. Das ist überall so in Ägyp-
ten, von oben bis unten.

Es gibt in Ägypten nur zwei Himmelsrichtungen, Süd und Nord. Ost und West sind für die Sonne reserviert. Und für den Sonnenkönig Re.

Die Schiffe in Luxor liegen Backe an Backe und man muss durch den Bauch von ein, zwei oder drei Schiffen hindurchwandern, um sein Schiff zu erreichen.

Miss Egypt sieht toll aus. Innendrin, im Bauch, ist es eingerichtet wie in einem Sultanspalast. Der Fußboden ist aus Marmor und die Treppen nach oben sind mit rotem Samt belegt. Das Geländer ist bestimmt aus Gold, auch die Lampen an den Decken und den Wänden. Und diese vielen Spiegel! Das funkelt und blinkt, **was das Zeug hält**.

Und ganz, ganz oben, **auf Deck**, gibt es noch ein kleines Schwimmbad. Ob da Nilwasser drin ist?

Mama, Papa, Millie und Trudel bewohnen zwei Schiffskabinen mit Glitzerbadezimmer. Oh, guck mal, Trudelchen, die Wasserhähne sind auch aus Gold.

Zwischen den Zimmern gibt es eine Tür. Die wird stets offen bleiben, falls Millie und die kleine Schwester **Sehnsucht** haben. Es könnte doch jederzeit was passieren und man müsste »Mama« oder »Papa« rufen.

Das Schiff legt nicht sofort ab, denn in Luxor gibt es auch viel zu bestaunen. Millie stellt ihr Köfferchen ab und kann gerade noch Pipi machen, dann geht's schon los. Aber bevor

sie die **Sehenswürdigkeiten**
angucken, muss Papa sich noch
Schuhe kaufen. Turnschuhlat-
schen vom Laden gegenüber
der Schiffsanlegestelle. Papa
will handeln. Wie auf dem Basar.
Aber der Schuhverkäufer schüt-
telt über jedes Angebot von Papa den
Kopf. Er fährt sich mit der Handkante über die Kehle.
Oh, will er sich umbringen?
Mama sagt: »Na, dann gehen wir ohne Schuhe raus«, und
läuft schon zur Tür.
Papa sagt: »Ich brauche die Schuhe aber wirklich dringend.«
Mama zögert. Sie schaut auf Papas gequälte Füße. Dann gibt
sie nach. Man kann eben nicht überall handeln.
Papa sagt: »Die Schuhe sind trotzdem recht preiswert.«
»Teuer genug«, sagt Mama und schaut verächtlich auf Papas
Turnschuhlatschen.
Aber nun kann Papa wenigstens ohne Aua an den Füßen
durch Ägypten marschieren.
Als Erstes ist ein Tempel dran. Luxor hat mehrere Tempel,
und die Stadt hieß damals, als die Tempel gebaut wurden,
gar nicht Luxor, sondern Theben. Die alten Ägypter hätten
nur gelacht, wenn man gesagt hätte, ihre Stadt würde

116

Luxor heißen. Das haben die Griechen viel, viel später erfunden.

Also ist Millie heute **sozusagen** in Theben, und zwar im
Tempel Knackknack.

»Karnak«, verbessert Mama.

»Knackknack«, sagt Millie.

Lass sie doch!

Knackknack ist so groß, dass man gar nicht alles drin sehen
kann. Die alten Ägypter haben dort viele ihrer Götter ver-
ehrt. Angefangen hat es schon mit König Margarine.

»Mykerinos ließ aber nur einen kleinen Altar bauen«, sagt
Mama. »Richtig losgelegt haben die alten Ägypter erst, als
Thutmosis der Soundsovielte und besonders Ramses der
Zweite an der Macht waren.«

Mama zeigt Millie ein Bild von Tütenmoses und Rennsau in
ihrem Reiseführer. Beide tragen vorne auf der Stirn an der
Krone oder auf ihrer Königsperücke eine Schlange.

Was soll das bedeuten? Weißt du das, Hassan?

*Der Sonnengott Re wurde in manchen Gegenden auch Atum
genannt. Atums Kinder waren natürlich auch Götter. Darunter
war Schu, der Gott der Luft, der den Wind machte, und die Göttin
Tefnut, die für die Feuchtigkeit auf der Erde sorgte. Damit ist wohl
der Regen gemeint.*

117

Eines Tages verschwanden Schu und Tefnut im unendlich großen Wasser. Atum wollte seine Kinder wiederhaben. Er hatte aber nur ein Auge, das war die Sonne. Es blieb ihm gar nichts anderes übrig, als sein Auge auf die Suche nach den Kindern zu schicken.

Atums Auge kam mit Schu und Tefnut zurück. Da hatte Atum jedoch bereits ein neues Auge, nämlich den Mond. Das alte Auge war sehr ärgerlich darüber. Aber Atum beruhigte es und setzte es sich auf seine Stirn. In diesem Moment verwandelte sich das Auge in eine Schlange, beherrschte die Welt und vernichtete die Feinde mit ihrem giftigen Atem. Von da an wurde die Schlange von allen Pharaonen am Kopf getragen, damit jeder sehen konnte, dass der König vom Sonnengott abstammte.

Oh, das ist eine schöne Geschichte. Gut, dass Hassan so viele solcher Geschichten auswendig kann und nicht wie Mama immer wieder seine Nase in ein Buch stecken muss.

Es gab **unendlich** viele Götter und jeder Pharao hatte seinen Lieblingsgott. Er baute ihm einen Extra-Tempel in Knackknack. Und immer eine schöne, große Mauer mit Eingangstor drum herum. Dadurch wurde Knackknack größer und größer. Tor nach Tor nach Tor. Jetzt ist der Tempel riesig. Aber auch ein wenig kaputt.

Millie möchte zu Beginn des Rundgangs die komischen Viecher vorne am Eingang anschauen. Was sind denn das für Dinger? Sie stehen in Reih und Glied und sehen von weitem ein wenig aus wie Pfingstlöwen. Mit dicker Mähne. Oder sind es Pfingstelefanten? Die Mähnen könnten auch große Ohren sein.

Millie zieht an Mamas Hand. »Komm mal mit da rüber, Mama. Ich will zuerst da hin.«

»Nein, Millie, wir gehen jetzt mit Hassan. Wenn wir dann noch Zeit haben, schauen wir uns die Skulpturen von nahem an.«

Oh Mann.

Hassan hat immer einen Zeigestock mit rotem Fähnchen bei sich. Damit man ihn zwischen all den Leuten jederzeit wiederfindet. Zum Beispiel in der Säulenhalle von Pharao Rennsau.

»Wie viele Säulen sind es denn?«

Mama muss wieder in ihrem Büchlein nachschlagen.

»Einhundertvierunddreißig.«

Boah.

Es sind keine Mickymaus-Säulen, sondern riesige Bellos. Viele Leute müssten sich an den Händen fassen, um einmal drum herum zu reichen.

Hassan erzählt und erzählt.

Und die Sonne scheint und scheint.

119

Mama setzt sich in den Schatten. Die dicken Rennsau-Säulen haben unten einen kleinen Sockel zum Sitzen.

Papa passt auf Trudel auf. Er steht breitbeinig da und kann sich in seinen Turnschuhlatschen gut ausruhen. Deshalb soll er auch Trudel schleppen. Die versteht sowieso nichts von Ägypten. Trudel ist es egal, wo sie gerade sind. Hauptsache, Papa ist da. Hauptsache, Mama ist da. Hauptsache, Millie ist da.

Familie Klotzig ist auch da. Drei aus der Familie tragen wieder ihre Gardinentücher. Mario nicht. Er hat sich hinter Mercedes gestellt und zieht heimlich Grimassen. Und seine Schwester steht blöd rum.

Millie will nicht nur blöd rumstehen. Sie geht ein bisschen spazieren. Nur eine kleine Runde.

Einmal um Rennsau-Säule Nummer eins herum.

Einmal um Rennsau-Säule Nummer zwei herum.

Millie schaut zurück. Ja, da ist das rote Fähnchen, und Mama sitzt auch noch auf dem Säulensockel. Trudel nuckelt bei Papa auf dem Arm am Daumen.

Alles in Ordnung.

Deshalb kann Millie noch ein Stückchen weiterlaufen.

Immer hübsch im Schatten bleiben.

Säule Nummer dreiundvierzig.

Säule Nummer vierundvierzig.

Millie hat sie alle gezählt!

Wo sind denn die anderen geblieben? Mama, Papa und die kleine Schwester? Die Klotzig-Familie?

Die stehen immer noch blöd rum. Hassan hält das rote Fähnchen hoch und Mercedes schaut in Millies Richtung. Soll sie doch. Sie ist bestimmt neidisch, dass Millie sich getraut hat abzuhauen. Mercedes ist ein Mama-Kind.

Einmal noch um Rennsau-Säule Nummer achtundneunzig herum.

Einmal noch um Nummer neunundneunzig herum.

Was machen die anderen?

Die machen nix. Sie sind nämlich gar nicht mehr zu sehen.

Und das rote Fähnchen?

Das ist auch nicht mehr zu sehen.

Na gut, Millie sollte besser zurückgehen. Irgendwann wird schließlich Rennsau-Säule Nummer eins wieder kommen.

Oje. Die Säulen sehen alle gleich aus. Da sind ja auch keine Nummern draufgeschrieben. Da ist nur Krickelkrakel eingemeißelt, und Millie kann auch nicht gut rückwärts zählen.

Oh Mann, was sollen denn die Grüffelieros bedeuten? Millie hat sich ja dazu immer nur was ausgedacht.

Falls Millie zu Hause verloren gehen sollte, gibt es eine Abmachung. Sie treffen sich am Eingang oder am Ausgang. Oder am Klo.

Millie schaut wieder die Rennsau-Säulen an. Irgendwo müsste draufstehen, wo der Eingang oder der Ausgang oder das Klo zu finden ist. Sie hätten Pfeile einmeißeln sollen, die alten Ägypter. Die mussten doch auch mal aufs Klo oder nach draußen, um frische Luft zu schnappen. Pfeil nach rechts: Da geht's lang. Pfeil nach links: Da geht's lang. Das kann jeder verstehen.

Und was nun?

Abwarten. Millie setzt sich, wie Mama vorhin, auf den Sockel einer Säule. Mal überlegen.

Mercedes hat gesehen, wohin Millie gelaufen ist. Aber sie wird nichts sagen. Mercedes mag Millie nicht. Und Millie mag Mercedes nicht. Soll Millie um Hilfe rufen?

Na, das fehlte noch! **Da lachen ja die Hühner.**

Millie wird es so machen wie zu Hause.

Ein Treffpunkt muss her.

Der einzige Treffpunkt, an den Mama sich erinnern wird, ist die Reihe der Pfingstelefanten.

Wo sind die Pfingstelefanten?

Millie muss sich entscheiden. Es gibt in Ägypten ja nur zwei Richtungen. Nord und Süd. Die beiden anderen Himmelsrichtungen gehören der Sonne.

Leider kann Millie die Himmelsrichtungen nur auf dem Atlas erkennen. Oder auf dem Globus.

122

Nord ist oben und Süd ist unten.

Wo soll denn hier oben oder unten sein? Links oder rechts?

Millie muss sich jetzt wirklich entscheiden. Aber es ist ihr
sehr mulmig zu Mute. Sie ist kurz davor loszuheulen.

Bloß nicht.

Mercedes würde sich **ins Fäustchen lachen**.

Millie entscheidet sich, einfach der Nase nach zu laufen.

Und das ist richtig!

Schon ist Hassans rotes Fähnchen zu sehen. Und da stehen
auch Mama und Papa mit Trudel auf dem Arm. Und die
Familie Klotzig.

Mama, Papa und der Geschichtenerzähler sind etwas aufgeregt. Haben sie Millie schon vermisst?

Mercedes entdeckt Millie als Erste. Sie blickt über die Schulter hinweg in Millies Richtung. Und dann guckt sie schnell
wieder weg. Na, die wird nichts sagen. Sie wäre bestimmt
froh, wenn Millie in der Wüste verschwunden und verhun-
gert und verdurstet wäre.

Papa und Mama schauen sich die Augen aus dem Kopf.

Hier bin ich! Hallo, hier bin ich!

Oh, was ist das für ein großes Wiedersehen!

»Millie!«

Na, da ist schon wieder so ein Tonfall dabei, den Millie gar
nicht mag.

Ja, ja, Millie wird nie wieder weglaufen. Und kann Hassan nicht schnell mal eine Geschichte erzählen, damit nicht alle Leute Millie so blöd angucken? Eine Geschichte über die Pfingstelefanten zum Beispiel?

Na, so von nahem sehen sie eher aus wie Pfingstmäuse. Mit ihren langen Schnuten.

Es sind aber gar keine Mäuse. Und auch keine Elefanten. Die Elefantenohren sind in Wirklichkeit gebogene Hörner. Die Viecher heißen Widder. Es sind Schafsköpfe.

Erzähl mal, Hassan.

Gott Amun, der Weltenherrscher, war zuerst nur in Theben bekannt, dann aber auch auf der ganzen Welt. Die ganze Welt war Ägypten und noch etwas Land drum herum.
Zuerst wurde Amun als Gans dargestellt, weil er das Welt-Ei gelegt haben soll, aus dem alles entstanden ist. Und er wurde »Großer Schnatterer« genannt.

Da muss Millie rausprusten. Mama auch. Denn eigentlich ist Millie die große Schnatterin. Ihre Lehrerin, Frau Heimchen, hat schon mal in ihr Merkheft geschrieben: »Millie ist eine Schwätzerin.« Das ist bis heute so geblieben.

Einmal hat Amun einen Widder getötet. Er hat ihm das Fell über die Ohren gezogen und den Kopf abgeschlagen. Dann hat er sich mit dem Kopf und dem Fell des Widders verkleidet, damit ihn keiner erkannte. Aber der Gott der Luft, Schu, bat ihn, sich nicht mehr zu verbergen.

Seitdem wurde Amun oft als Schafskopf abgebildet, als ein starker und mächtiger Widder. Und von da an waren die Widder heilig.

Einmal im Jahr wurde ein Fest gefeiert und man hat einen Widder geopfert, genauso, wie Amun das gemacht hatte. Das Fell wurde ihm über die Ohren gezogen. Und in Gedenken an Amun wurde der Widder auch als Sphinx abgebildet.

Huh, wieder so eine grausliche Geschichte.

Es gibt aber in Knackknack auch schöne Sachen zu hören und zu sehen.

Mama sagt: »Ich muss unbedingt noch die Obelisken von Karnak sehen. Die berühmten Nadeln Gottes.«

Oh Mama! Die Füße tun schon weh!

Nichts zu machen!

Ein Obelix ist tatsächlich eine riesige, dicke Stricknadel aus Stein, die bis in den Himmel ragt. Jeder hat hier so eine Nadel Gottes hingestellt. Tütenmoses, Echter-Tom und Rennsau. Und jetzt glaubt man es nicht: Es hat sogar eine Pharaonin gegeben, die hat auch einen Obelix aufstellen lassen.

»Die hieß Hatschepsut«, sagt
Mama. »Und von der werden wir
heute noch mehr hören.«
Ja? Erzähl mal was von Hatschipussi.
»Nur Geduld«, sagt Mama.
Na gut. Dann schaut sich Millie zu-
erst in aller Ruhe die Wandbilder
an. Die mit den schönen Frauen.
Wieso stehen die denn so komisch?
»So fällt man doch gleich um«,
meint Millie.
Ja, die Schultern der Frauen zeigen
nach vorn, aber ihre Füße stehen
seitlich voreinander. Millie muss
das mal ausprobieren. Linker Arm
nach hinten und rechter Arm nach
vorne.
Mario schaut skeptisch zu. Und
sofort gerät Millie ins Wanken.
Sie kann es nicht haben, wenn sie
Zuschauer hat.
Zu blöd, dass auch Mercedes Millie beobachtet hat.
Sie sagt: »Du kannst das ja gar nicht richtig. Ich weiß das,

weil ich Ballettunterricht habe. Ich kann dir jede Stellung
vormachen.«

Pähpähpähpähpäh.

Mercedes lässt sich die Vorstellung nicht nehmen. Sie hebt
die Arme und legt sie locker über dem Kopf zusammen. Sie
stellt die Füße nebeneinander. Oder ist das hintereinander?
Ferse an Ferse. Da müsste eigentlich jeder ins Wanken geraten. Mercedes aber nicht. Sie geht leicht in die Knie, dann
richtet sie sich wieder auf. Ihr Kopf ist hoch erhoben und zur
Seite gedreht.

Runter in die Knie. Hoch in die Stellung. Runter. Hoch.

Mann, tut das nicht weh?

Trudel schaut mit offenem Mäulchen, und Millie möchte
Mercedes am liebsten etwas an den Kopf werfen, das
gepfeffert ist. Aber ihr fällt nichts Gutes ein.

»Das ist aber nicht ägyptisch«, sagt sie schließlich.

»Das ist Ballett«, sagt Mercedes und macht endlich Schluss
mit ihrer Vorstellung. Sie schüttelt Beine und Arme aus.

»Ich habe nur meine Zeit vergeudet«, sagt sie zu Mario.

»Leute wie Lilly sind zu blöd für solche Dinge.«

Lilly?

»Millie!«, schreit Millie.

»Ist mir doch egal«, sagt Mercedes.

Millie sieht ziemlich rot.

»Weißt du was?«, ruft sie. »Du hast ja vielleicht einen däm-
lichen Namen! Wie ein Auto. Sie hätten dich auch Opel
nennen können oder Ford oder ... oder ...«

»Toyota«, kommt Mario ihr zu Hilfe.

»Abafottifottimensss«, schnauft Trudelchen.

Hatschipussi

Eigentlich könnte man von Knackknack **schnurstracks**
und geradeaus zum nächsten Tempel in Luxor laufen. Wenn
man heute noch im alten Ägypten wäre. Es gab nämlich eine
Allee, in der ganz, ganz früher ein Pfingstlöwe nach dem
anderen aufgestellt war, Pfingstlöwen mit Widderköpfen.
Aber ein Pharao hat alle Widderköpfe abschlagen lassen.
Millie hat schon gemerkt, dass viele ägyptische Könige sich
über ihre Vorgänger geärgert haben. Zum Beispiel haben
sie aus lauter Wut deren Nasen von den Skulpturen weg-
gehauen oder ihre Namen wegradiert. Nicht mit Radier-
gummis. Mit Hammer und Meißel!
Da man bei der Hitze nicht die kilometelange Allee laufen
kann, fährt ein Bus zum Tempel von Luxor. Der liegt mitten
in der Stadt. Der Nil plätschert vorbei und es gibt einen
Meckimeck ganz in der Nähe, oh, da könnte man doch ein
paar Pommes **schnabulieren**. Leider kriegen sie aber alle
Mahlzeiten auf dem Schiff, da werden Papa und Mama *nein,
danke schön* zu Millies Vorschlag sagen.
Vor dem Tempel in Luxor gibt es kleine Buden, da verkaufen
sie was zu trinken.

»Mama?«

»Jaja.«

Die Limonade und das Fitzelwasser werden von Ali-Baba-und-die-vierzig-Räuber verkauft. Was der für ein düsteres Gesicht macht! Und so viel schwarzes Haar drum herum.

Gleich wird er sagen: *Her mit den Juwelen*, aber Ali-Baba-und-die-vierzig-Räuber will von Mama nur Geld für die Limo und nicht ihr dünnes Goldkettchen. Er zählt ihr sogar das Wechselgeld einzeln in die Hand ab und Mama ist total zufrieden damit.

Hach, das ist ja langweilig.

Am Eingangstor des Tempels sitzt Rennsau der Zweite auf einem Hocker, gleich zweimal. Und neben ihm steht ein Obelix.

»Eigentlich müssten es zwei Obelisken sein«, sagt Mama ratlos und blättert in ihrem Reiseführer.

»Einer ist geklaut«, sagt Millie.

»Was du wieder so weißt!« Mercedes muss ja eine Bemerkung machen, sonst würde sie wohl nicht zufrieden sein.

Der Geschichtenerzähler weiß, was mit dem zweiten Obelix passiert ist.

Er ist nicht geklaut.

Nein?

Den hat ein ägyptischer Herrscher Frankreich geschenkt.

130

Das ist noch nicht lange her. Zweihundert Jahre oder so. Jetzt steht der Obelix in Paris. Muss Millie eigentlich gesehen haben, als sie dort war.

Und was gibt es im Tempel zu sehen?

Alles Mögliche. Säulen und Steine und sogar eine Moschee. Ganz hinten im Tempel ist was Besonderes. Da gibt es einen Geburtsraum.

Da gibt es ... was, Hassan?

Fast alle Tempel haben einen kleinen Raum, in dem die Götter geboren wurden. Oder die Könige. In Luxor kann man genau sehen, wie das vor sich ging. Das ist an die Wand gemalt worden.

Der Weltenherrscher Amun hatte einen Sohn bekommen. Darüber war Amun so glücklich, dass er ihm die Macht gab, Menschen auf einer Töpferscheibe zu erschaffen. Der Sohn wurde also zum Töpfergott. Er formte den ersten König und seine Seele aus Lehm.

Es wird aber auch erzählt, dass Amun selbst der Vater vom ersten Pharao war, und deshalb stammt jeder König von den Göttern ab.

Papa fotografiert die Malerei an den Wänden und die Statuen von Rennsau dem Zweiten. Damit Millie sich zu Hause daran erinnern kann, was es in Ägypten alles zu sehen gab. Aber sie wird es nicht vergessen, bestimmt nicht, **nie im Leben**.

Bevor es wieder zurück zu *Miss Egypt* geht, werden sie noch
den Tempel einer Pharaonin sehen.
Pharaonin? Ja, so was gab es auch.
»Wie hieß die denn noch mal?«
»Königin Hatschepsut.«
Ach ja, von Königin Hatschipussi hat Millie vorhin bereits
den Obelix gesehen. In Knackknack. Richtig!
Was war Hatschipussi denn für eine? Gibt es da auch eine
Geschichte?
Na klar.

Hatschepsut war die Tochter von Thutmosis dem Ersten. Ihr
Mann war Thutmosis der Zweite. Er ist aber sehr früh gestorben.
Eigentlich sollte Thutmosis der Dritte König werden. Das war ihr
Stiefsohn. Der war aber noch ein Kind, und deshalb setzte sich
Hatschepsut selber auf den Thron, um so lange zu herrschen, bis
Thutmosis alt genug war für das Amt.
Dann aber wich sie nicht mehr vom Thron. Sie wollte Königin
bleiben. Überall gab sie bekannt, dass Gott Amun auch ihr Vater
sei und sie deshalb ebenfalls Pharaonin werden könne. Das ließ
sie an die Wände schreiben.
Sie verkleidete sich meistens als Mann und zog sich den kurzen
Faltenrock an, den nur die Könige trugen. Sie hängte sich auch
einen Königsbart um.

132

In Karnak ließ sie zwei Obelisken bauen. Und später noch einen großen Totentempel für sich.

Als sie gestorben war, wurde der Stiefsohn endlich König. Der hatte sich schon die ganze Zeit über Hatschepsut geärgert, weil sie ihn nicht auf den Thron ließ. Jetzt rächte er sich. Thutmosis der Dritte ließ ihren Namen aus den Wänden und den Säulen meißeln und das Gold von den Obelisken in Karnak abkratzen, damit sich niemand mehr an Hatschepsut erinnern konnte.

Tütenmoses hat es aber nicht geschafft, alles von Hatschipussi kaputtzumachen. Deshalb kann man den großen Totentempel auch heute noch besichtigen. Der liegt mitten in der Wüste. In den Bergen.

Ein Bus fährt sie bis dahin, wo die Berge anfangen. Soll man jetzt etwa den Berg hochstapfen? Bei der Hitze?

Nee. Es gibt ein Wägelchen mit Sitzbänken und einem Schattendach, das einen hochkutschiert.

Wenn man einen Wagen verpasst, muss man jedoch in der Sonne stehen und auf den nächsten warten. Aber wenn man sich beeilt, kann man im Wagen Platz freihalten.

Millie rast los. Papa und Mama können nicht so schnell wie sie. Wegen Trudel!

Millie hat ein Plätzchen ergattert. Leider fast gleichzeitig mit Marios Schwester.

»Besetzt«, ruft Mercedes. »Hier ist alles besetzt.« Sie legt ihre flachen Hände rechts und links neben sich und will auch noch die Füße auf die gegenüberliegende Sitzfläche hinhauen. Aber da sitzt schon Millie.

Was soll sie machen?

Vorsichtshalber sagt Millie ebenfalls: »Besetzt. Hier ist alles besetzt.«

Dann schaut sie sich um.

Mario kommt ganz gemütlich angeschlurft. Er hält sich absichtlich zurück. Es ist klar, dass er sich nicht in den Wagen zu seiner Schwester hocken will.

Mama und Papa mit Trudel kommen gleichzeitig mit dem Rest der Klotzig-Familie beim Schattenwagen an. Es gibt aber nur noch Platz für zwei.

Frau Klotzig steigt ein.

»Aber bitte, meine Liebe«, sagt sie zu Mama. »Fahren Sie doch mit uns.«

Mama lässt sich das nicht zweimal sagen. Sie nimmt Trudel auf den Schoß. Die anderen warten auf den nächsten Schattenwagen.

Jetzt schuckelt der Wagen die Straße zu Hatschipussis Tempel hoch. Trudel lacht. Ihr gefällt es, durchgeschüttelt zu werden.

Mama sagt zu Frau Klotzig: »Es wäre doch schön, wenn die

134

Kinder später auf dem Schiff mal was miteinander spielen könnten.«

Millie zuckt zusammen. Hat Mama noch gar nicht gemerkt, dass Millie und Mercedes sich hassen **wie die Pest**?

Millie schaut zu Boden und Mercedes guckt hochmütig in die Luft.

Auch Frau Klotzig hat es nicht gemerkt. Jedenfalls findet sie Mamas Idee prima.»Ja, wunderbar, Frau Heinemann. Dann könnten wir mal ganz in Ruhe ein wenig plaudern.«

Hach.

Mama sagt:»Ich weiß ein paar schöne Spiele, die man in Ägypten miteinander machen kann. In meinem Reiseführer gibt es einige Tipps dazu.«

»Wie interessant«, flötet Frau Klotzig.»Ägyptische Spiele in Ägypten! Das ist doch besonders reizvoll.«

Millie schaut schon Löcher in den Boden und Mercedes hebt ihren Kopf noch höher. Ihre Nase berührt schon fast die Wolken.

Ach, Wolken gibt es in Ägypten ja gar nicht. Nur Sonne, nichts als Sonne, Sonne, Sonne. Kein Wunder, dass die alten Ägypter den Sonnengott erfunden haben.

Schnell raus aus dem Wagen und zum Tempel hochlaufen. Vielleicht gibt es dort wieder Schatten.

Der Totentempel von Hatschipussi besteht aus drei Stockwerken und das oberste ist in den Felsen gehauen worden. Von unten, wo die Schattenwagen abfahren, sieht der Tempel aus wie eine kleine Treppe mit vielen Fenstern drin, aber wenn man nah dran ist, wird er immer größer und höher. Es sind gar keine Fenster. Der Tempel besteht aus lauter Säulen, und zwischen den Säulen kann man hinein in den Schatten gehen.

Was gibt's unten zu gucken? Im Parterre?

Ach, da haben sie an die Rückwand gezeichnet, wie das mit so einem Obelix funktioniert. Der ist ja mordsschwer, kilometerlang, mindestens zwanzig Meter oder so, den kann ja keiner tragen.

Die alten Ägypter haben das mit Schiffen gemacht. Das kann man hier genau sehen. Sie haben den Obelix auf zwei große Schiffe gelegt. Und die zwei großen Schiffe wurden von kleineren Schleppbooten gezogen. Soll Millie die mal zählen?

Eins, zwei, drei ... Es sind siebenundzwanzig Schleppboote.

»Interessant«, sagt Herr Klotzig.

Er und Papa und Mario sind inzwischen auch hochgekarrt worden.

In den Schleppbooten saßen Männer, die mussten wie verrückt rudern. Soll Millie die auch mal zählen? Dann weiß sie gleichzeitig, wie viele Ruder zu einem Boot gehörten.

Eins, zwei, drei ...

Mercedes sagt: »Manche Leute wissen nicht, dass es blöd ist, Paddel zu zählen.«

Paddel?

Ein Paddel ist was anderes als ein Ruder. Weiß Mercedes das nicht?

Jetzt ist Millie aber durcheinander gekommen. Sie muss noch einmal von vorne beginnen.

Eins, zwei, drei …

Millie merkt sich die Zahlen, indem sie für jeden Zehner einen Finger mehr umknickt. Dann braucht sie nachher nur die Zehner an ihren Händen abzuzählen.

Das ist schwierig genug.

Als Millie fertig ist, weiß sie nicht genau, ob ihre Zahl stimmt.

Mercedes hat auch gezählt. Obwohl es blöd ist zu zählen.

Sie sagt: »Zweiundachtzig.«

Millie sagt: »Neunundsiebzig.«

Mama blättert in ihrem Büchlein und meint: »Es sind vierundachtzig Ruderer.«

»Ich bin näher dran«, kreischt Mercedes.

Was soll Millie sagen?

Mario flüstert Millie ins Ohr. »Ich bin auf deiner Seite.«

Aber das nützt Millie nichts. Sie hat schief gelegen. Wie peinlich. Ausgerechnet bei einer Sache mit Mercedes. Und

spielen soll sie auch noch mit ihr! Das muss sie Mario schnell noch zuwispern.
»Dann pass aber gut auf«, sagt Mario. »Die mogelt nämlich immer.«
»Ich will gar nicht mit ihr spielen«, flüstert Millie. Sie würde nicht mal *Mogeln* mit der doofen Ziege spielen wollen, nicht mal *Betuppen*.
»Wer flüstert, lügt«, ruft Mercedes.
»Hört schon auf, Kinderchen«, sagt Mama.
Nun geht es über eine Rampe in den nächsten Stock. An ein paar großen Löwen vorbei.
Patsch, patsch. Trudel will die Löwen auch streicheln. Sie reicht aber nicht bis oben hin, nur an den Sockel. Die Löwen sind nämlich sehr groß.
Alles in Ägypten ist riesengroß.
Und jetzt kommt das letzte Stockwerk. Das ist die heilige

Halle des Tempels. An eine Wand ist die Geschichte von Hatschipussis Geburt geschrieben. Die hat Hatschipussi verkünden lassen, damit die Leute glaubten, dass sie wirklich ein Recht auf den Pharaonenthron habe. Weil die Geschichte in Grüffelieros an die Wand gemalt ist, muss Hassan sie übersetzen.

Der Mondgott gab dem Weltenherrscher Amun einen Tipp. Er erzählte ihm nämlich, dass Hatschepsuts Mutter eine schöne Frau sei. Amun hat sie sich gleich angesehen und war sofort in sie verliebt. Um ihr zu gefallen, parfümierte er sich, bevor er zu ihr ging. Er hat sehr gut gerochen, und Hatschepsuts Mutter verliebte sich auch in ihn. So wurden sie ein Paar. Und sie bekamen eine Tochter, die sie Hatschepsut nannten.

An die Wand in der heiligen Halle sind auch viele Bilder gemalt. Man kann sehen, wie Hatschipussi an der Himmelskuh nuckelt. Und von da an brauchte sie sich keine Sorgen mehr zu machen. Sie hatte immer genug zu essen und zu trinken. Deswegen war die Himmelskuh für die alten Ägypter so wichtig. Hat Millie doch gewusst.

Monster und Könige

Obwohl es inzwischen fürchterlich heiß ist und Millie am liebsten nur im Schwimmbecken auf dem Schiff plantschen würde, geht es gleich weiter mit ihrem **Programm**. Der Bus fährt mit ihnen vom Tempel der Hatschipussi zu den Tälern, wo die toten Königinnen und Könige der alten Ägypter begraben sind.

Auf dem Weg dorthin kommt man an zwei Denkmälern vorbei. Die sind vielleicht riesig! Und sie sehen schrecklich aus.

»Pharao Monster«, meint Millie.

»Aber Millie.« Mama muss Millie immer korrigieren, auch wenn ihr gerade was Gutes eingefallen ist. »Das sind die Memnonkolosse. Weißt du, was ein Koloss ist?«

Ja, ein Monster. Was sonst? Guck dir doch mal die Köpfe an, Mama. So was nennt man **Fresse**.

Millie ist egal, wie die Kolosse in Wirklichkeit heißen. Auf alle Fälle sind es Monster mit fiesen Gesichtern, die man gar nicht anschauen möchte. Warum sehen sie so fürchterlich aus?

Weil sich wieder einmal irgendein König so über seinen

140

Vorgänger geärgert hat, dass er ihm **die Fresse polieren** musste. Huch, so was darf man doch gar nicht sagen! Wenn man die Monster-Kolosse **links liegen lässt**, kann man ins Tal der Königinnen fahren oder ins Tal der Könige. Hassan hat für alle entschieden und deshalb kutschiert der Bus sie in das berühmte Tal der Könige.

Das Tal ist ein großer Friedhof. Fünfundsechzig Könige sind hier begraben.

Wahrscheinlich war es den alten Ägyptern zu mühsam, für die toten Könige immer Pyramiden zu bauen. Man hat die Könige stattdessen im Felsen beerdigt. Dort mussten zuerst tiefe Löcher und Gänge herausgeschlagen werden.

Vor den Eingängen warten lange Menschenschlangen.

Welches Grab wollen sie denn nehmen?

Das von Rennsau dem Dritten.

Hand geben, Mama!

Oh, wie ungemütlich ist es hier. Treppe runter. Langer Gang. Hoffentlich kommt ihnen nicht das Gespenst von Rennsau entgegen.

Millie gewöhnt sich langsam an die Höhle. So schlecht ist es hier gar nicht. Besser als in der Pyramide. Hier gibt es wenigstens schöne Bilder an den Wänden. Der König mit Perücke und Kobraschlange am Kopf. Und hier sitzt er in einem Boot. Ach, *Barke* heißt das ja. Wohin fuhr er denn?

Leider zu Osiris. Ins Totenreich. Da musste er schwören, dass er **oke** gewesen ist. Sein Herz wurde gewogen.

Weiß Millie schon.

Herz, Leber, Magen und all das haben sie in vier Töpfchen aufbewahrt. Bevor der Körper eingewickelt wurde. Das war dann die Mumie.

Der Einstieg zum Grab ist ellenlang. Von den Gängen und Korridoren gehen kleine Mickymaus-Zimmer ab. Und überall gibt es hübsche Malerei an den Wänden. Man kann sehen, was sie damals für Kochtöpfe benutzten und dass sie Harfe gespielt haben.

»Dies hier ist fast das längste Grab im Tal der Könige«, flüstert Mama. »Hundertfünfundzwanzig Meter lang.«

»Und das längste?«, will Millie wissen.

»Das ist das von Hatschepsut«, verrät Mama. »Zweihundert Meter.«

Das ist ja ein Ding! Die Königin Hatschipussi liegt gar nicht im Tal der Königinnen begraben, sondern im Tal der Könige. Bis zum Schluss hat sie es geschafft, die Leute an der Nase rumzuführen. Wahrscheinlich hat keiner genau gewusst, ob sie nun eine Frau oder ein Mann ist. Weil sie sich immer verkleidet hat. Und Tütenmoses der Dritte, der sie so gehasst hat, der hat nur ein Grab von fünfundfünfzig Metern geschafft.

Wie weit sind sie denn schon in die Grabstätte hineingelaufen? Hundertfünfundzwanzig Meter ... das ist sehr, sehr weit für kleine Füße.

Mercedes lehnt schon schlapp an der Wand. Sie lässt die Zunge raushängen. Na, das sieht vielleicht bescheuert aus! Millie wird doch wohl nicht auch schlappmachen? Keineswegs. Aber sie tut nur so, als wäre sie topfit, und sie muss immer noch an das schöne, kleine Schwimmbad an Deck denken. Das wäre jetzt was!

Noch ein Korridor und noch einer. Endlich die Grabkammer. Einmal um den Sarg rumgehen.

Es ist gar nicht der Sarg, sondern nur eine Verpackung aus Stein. Haben sie den Sarg geklaut? Könnte doch sein.

Nee, der richtige Sarg steht in Paris und der Deckel davon ist in England zu besichtigen. Du meine Güte, die ganze Welt wollte was von Ägypten haben.

Und wo ist der König geblieben? Seine Mumie? Hier ist sie jedenfalls nicht. Vielleicht hat der König die Prüfung vor dem Totengericht bestanden und ist ins Totenreich aufgenommen worden. Oder er ist doch ein Gespenst geworden. Lieber machen, dass man rauskommt.

Raus geht's schneller als rein.

»Lasst uns unter das Schattendach gehen«, schlägt Mama vor.

144

Papa sagt: »Gute Idee. Ruht euch aus. Ich schaue mir noch ein Grab an.«

Seitdem Papa die bequemen Turnschuhlatschen hat, ist er nicht mehr zu halten.

Auf den Sitzbänken unter dem Schattendach sitzen viele Leute und warten auf diejenigen, die die Nase nicht voll kriegen können.

Von Familie Klotzig wartet nur Mario auf den Rest der Familie. Er hat sich Millie und Mama angeschlossen und hofft, auch was zu trinken zu bekommen. Klar, dass Mama dafür sorgt, dass ihre Kinder nicht verdursten.

Oh, dahinten ist Platz.

Millie zwängt sich zwischen den Bänken und den vielen, vielen Knien hindurch.

Hierher, bitte, hierher!

Ja, wenn sie etwas zusammenrutschen, ist für alle Platz.

Millie gegenüber sitzen Leute aus aller Welt. Sie sprechen franzöhösisch und englisch und japanisch. *Süllepong dawinjong. Gutt monning* und *gutt bai. Futschifutschi-jammerlappen.*

Millie und eine mollige Miss sitzen sich genau gegenüber. Millie trägt heute eine himmelblaue Dreiviertelhose. Unten, wo das Dreiviertel aufhört, gibt es einen Verschluss, den Millie aber wegen der Hitze offen gelassen hat.

Plötzlich tippt die mollige Miss auf Millies Knie. Was will die denn?

Millie schaut verlegen zur Seite.

»Heh«, sagt die Miss. »Wo hast du denn die schöne Hose her?«

Warum will die das denn wissen?

»Pppfff«, macht Millie. »Ach, von so einem Didl-Dadl-Laden.«

»Didl-Dadl-Laden?«

Millie nickt eifrig mit dem Kopf.

»Und wo gibt es den?«

»Den gibt es nur bei uns zu Hause.«

Da ist die mollige Miss traurig. Sie sagt, dass sie sehr gerne solch eine Hose haben möchte.

»Gibst du mir deine? Können wir vielleicht tauschen?«

Da muss Millie schrecklich lachen. Nicht mal ein Bein der molligen Miss würde oben in die Hose passen.

»Ich hab nur Spaß gemacht«, meint die mollige Miss.

»Aber du kannst die Hose ruhig anprobieren«, sagt Millie.

Sie hat auch nur Spaß gemacht.

Liebe auf Eis

Auf der Rückfahrt muss der Bus richtig rasen, sonst legt
Miss Egypt noch ohne sie ab.

Geschafft!

Als sie das Schiff erreicht haben, gehen die meisten Leute
direkt aufs Deck. Deck kommt bestimmt von Decke, es ist
ganz oben. Alle wollen zugucken, ob der Kapitän bei der
Abfahrt irgendwo anrumst.

An Deck, in der Nähe des Schwimmbeckens, gibt es Terras-
senstühle mit weichen Polstern. Millie würde gerne mal
eine Runde schwimmen, aber immer, wenn sie nah
dran ist, ihren Badeanzug anzuziehen, sieht sie Mercedes
am Beckenrand sitzen, mit den Beinen baumeln und **eine
Schau abziehen**. Mit Bikini! Obwohl im Oberteil nix
drin ist.

Nee, Millie wird sich hüten, ins Schwimmbad zu gehen.
Papa oder Mama würden nämlich auf sie aufpassen, und
dann sähe es so aus, als wäre sie noch ein Baby. Und Mercedes würde hämisch grinsen. Nee, nee.

Zwischen den Terrassenstühlen, die entlang der Reling aufgestellt sind, gibt es Tische und mitten auf Deck unter dem

Schattendach **eine Bar.** Die Erwachsenen holen sich dort
was zu trinken. Sie nennen es **Drink.** Dafür brauchen sie
nichts zu bezahlen. Sie krakeln was auf ein Stück Papier.
Unterschrift!

Millie will mal ausprobieren, ob das auch bei Kindern
klappt. Unterschrift? Ein Klacks: Vorname, Nachname. Fertig
ist die Laube.

Der Kellner ist sehr nett. Er beugt sich zu Millie runter und
leiht ihr sein Ohr.

Was soll sie denn nehmen? Alles sieht sehr interessant aus.
Am besten gefallen Millie die klitzekleinen Zitronen. Sie sind
so winzig wie Mirabellen. Kann der Kellner da was draus
zaubern?

Millie zeigt auf die Zitronen. Der Kellner nickt. Na, dann
mach mal.

Der Kellner wirft die Mini-Zitronen zusammen mit Eis-
würfeln in einen Mixer. Huihuihui.

Dann gießt der Kellner alles durch ein Sieb in ein endlos
langes Glas und füllt es auf mit Sprudelwasser. Bis oben hin.
Noch ein hübscher Strohhalm rein und zwei Zitronen-
scheibchen auf den Rand gesteckt.

Bevor Millie nach ihrem Glas greifen kann, ist Papa zur
Stelle. Wegen der Unterschrift? Braucht er doch nicht. Hat er
vergessen, dass Millie selber unterscheiben kann?

148

»Na?«, sagt Papa und schaut auf Millies Glas. »Was hast du
dir denn für einen Cocktail genehmigt?«

Ach, *Gockeltee* nennt man das?

Papa sagt: »Ein Cocktail ist ein Hahnenschwanz, Millie. Falls
du's nicht weißt.«

Hahnenschwanz! Na, da lag Millie mit Gockeltee ja schon
ganz richtig.

»Manchmal ist ein Cocktail so bunt wie ein Hahnenschwanz«, erklärt Papa. »Weil man alle möglichen Zutaten
zusammenschüttet. Und jeder Cocktail hat einen eigenen
Namen.«

Papa zwinkert dem Kellner zu. »Ich nehme das Gleiche«,
sagt er.

»Lemon auf Ice?«, fragt der Kellner.

Liebe auf Eis. Was für ein schöner Name.

Als Papa seinen Gockeltee bekommt, balancieren beide ihren
Drink zum Tisch, wo Mama gespannt auf sie wartet. Trudel
guckt auch neugierig, aber Trudel darf noch keinen Gockeltee trinken.

Warum nicht?

Weil Gockeltee viel zu kalt für die kleine Schwester ist. Sie
bekommt Malventee. Ist ja auch lecker. Göttertrank.

Mama leistet für alle die Unterschrift. Sie ist die Königin in
der Familie.

149

An Millies Nebentisch sitzt die ganze Klotzigfamilie.

Frau Klotzig fragt: »Was trinkt ihr denn Schönes?«

»Gockeltee«, sagt Millie.

Frau Klotzig kichert. Aber Papa bestätigt, was Millie gesagt hat. »Wir haben uns jeder einen Cocktail bestellt.«

»Einen Cocktail? Auch für die Kleine?« Frau Klotzig lehnt sich **abrupt** nach vorne.

Ja, da staunst du, was?

Huch. Der Gockeltee ist ganz schön giftig. Sauer. Scharf. Eiskalt. Alle **Knopflöcher** ziehen sich zusammen.

Millie muss ihr Gesicht verziehen.

Papa nimmt auch einen Schluck. »Ganz schön hart, der Drink, was?«

»Ganz schön hart«, bestätigt Millie.

»Sie wollen mir doch nicht erzählen, dass Sie dem Kind erlaubt haben, einen Cocktail zu trinken?« Frau Klotzig ist entsetzt. Und ihre ganze Familie hört und sieht atemlos zu. Mario ist so gespannt, dass ihm schon fast die Augen aus dem Kopf fallen.

Herr Klotzig schmunzelt.

Er sagt: »Richtige Cocktails haben einen Namen. Was trinkt denn die kleine Dame da?«

Die kleine Dame sagt wie aus der Pistole geschossen: »Liebe auf Eis.«

150

»Liebe auf Eis«, stößt Frau Klotzig aus und lässt sich mit einem Seufzer gegen die Stuhllehne fallen. Ihr Gesicht zeigt, dass sie empört ist. Sie beruhigt sich jedoch schnell.

»Sie nehmen mich doch auf den Arm«, sagt sie.

»Wo werd ich denn«, meint Papa. Aber er zwinkert ihr zu.

Was soll das denn heißen? Papa? Irgendetwas stimmt hier nicht. Manchmal denkt Millie, sie sei doch noch ziemlich dumm. Sie kommt nicht immer hinter das, was Erwachsene so reden.

Herr Klotzig steht auf. »Ich hole mir auch mal einen Drink«, sagt er. »Aber nicht so ein hartes Zeug.«

Malventee?

Oh nein. Er kommt mit einem Espresso zurück. So eine klitzekleine Tasse! Aber das Gesicht, das Herr Klotzig macht, als er seinen Drink runterkippt ... Hm! Espresso muss mindestens so hart sein wie Liebe auf Eis.

Was bekommen denn die Kinder Klotzig zu trinken?

Cola!

Sogar Mario darf Cola trinken.

Guck mal, Mama. Was die alles dürfen! Papa, guck mal da.

Fast ist Millie neidisch. Aber Liebe auf Eis ist vielleicht doch noch einen Tick besser. Einen Tick härter als Cola.

Fein ist es auf Deck. Wie schön das Nilufer hier ist! Millie kann sich gar nicht satt sehen. Die grünen Dattelpalmen, die

sanft im Wind schaukeln. Der gelbe, nein, der goldene
Wüstensand. Ein Mann mit seinem Eselchen.
Wenn man sich die Ohren zuhält, damit man nicht das Ge-
schnatter der Leute auf dem Schiff hört und auch nicht das
leise Brummen des Motors, dann ist es wie im Märchen. Wie
in *Tausendundeiner Nacht*. Gell, Trudelchen, halt dir doch auch
mal die Ohren zu. Aber Trudel hört nicht und schlürft ihren
Malventee so laut, dass es einem **auf den Keks
gehen** kann.
Millies Märchen ist schlagartig vorbei, als Mama daran erin-
nert, dass die Kinder doch was zusammen spielen wollten.
Die Kinder!
Die Kinder wollen gar nicht spielen. Sie wollen sich weiter
hassen. Wenn Millie schon das Gesicht von Mercedes sieht!
Aber gegen Erwachsene kommt man nicht an. Schon gar
nicht gegen zwei Mamas. Beide haben in ihren Handtaschen
kleine Lederetuis. Mit Mini-Scheren. Was soll man damit
machen?
Noch nichts. Erst mal braucht man Papier.
Papier gibt's in den Kabinen zur Genüge. Und aus dem
Papier kann man kleine Quadrate schneiden. Lauter Vier-
ecke. Auf die Vierecke sollen die Kinder ägyptische Figuren
zeichnen. Alle machen mit. Millie, Mario und die doofe
Ziege in ihrem Bikini. Sogar mit Feuereifer.

152

»Aber das kleine Luder da darf nicht mitmachen«, kreischt
Mercedes.

Das kleine Luder hat doch einen Namen!

Es ist jedoch wirklich besser, wenn Trudel nicht mitmacht.
Sie weiß ja noch nicht, was ein Quadrat ist. Die kleine
Schwester darf dafür Sonnenstrahlen auf ein Extra-Blatt
Papier malen. Später kommt das einfach in den Müll. Aber
Trudel weiß das noch nicht. Sonst würde sie sich ja nicht so
viel Mühe geben.

Und was soll aus den Quadraten werden?

Es wird ein Memory-Spiel.

Ach, jetzt hat Millie das kapiert.

Mama hat in ihrem Reiseführer ein paar Vorschläge für die
Zeichnungen. Sämtliche Figuren haben sie schon irgend-
wo in Ägypten gesehen, in den Gräbern, auf Papyrus, auf
Statuen, an Wänden und im Museum.

Millie malt die leichten Sachen: Grüffelieros, Falken, Sonnenscheibe, Kuhhörner, Kobraschlange.

Mercedes malt auch die leichten Sachen: Karamelnuss,
Obelix, Schakal, Königsbart.

Mario malt ein Auge. Das ist von allem das Leichteste, aber
es ist wichtig in Ägypten. Millie fällt sofort die Geschichte
vom Auge des Sonnengottes ein.

Alle sind eifrig bei der Sache. Millie hat vor Anstrengung

153

sogar einen heißen Kopf bekommen. Oder ist das von der Hitze? Immer noch über fünfundvierzig Grad. Da wird man ja gekocht wie Nudelsuppe. Jetzt weht kein Lüftchen mehr. Nicht mal ein Fahrtwind. Sonst würden auch die Zeichnungen fortfliegen.

»Fertig, Mama.«

Aber Mama und Papa sind mit Herrn und Frau Klotzig in ein **intensives** Gespräch verwickelt. Sie hören nicht mehr zu.

Ach ja. Das Spiel ist noch gar nicht fertig vorbereitet. Alles muss doch zweimal gemalt werden. Man braucht zwei Schlangen, zwei Sonnenscheiben, zwei Augen … Die zweite Zeichnung muss genauso aussehen wie die erste.

Jetzt reicht's. Sie haben bestimmt schon fünfzig Bilder zusammen.

Nun werden die Memory-Karten verdeckt hingelegt.

Wer fängt an? Eene, meene, miste … Mario fängt an.

Er hat kein Glück. Mario bekommt keine gleichen Karten zusammen.

Millie hat auch kein Glück. Obelix und Kuhhörner? Das passt nicht zusammen.

Es passt nie bei Millie. Es sind zu viele Karten. Sie liegen schrecklich durcheinander. Wie soll sich ein Mensch das merken können?

Trudel will auch mitmachen. Aber sie darf nicht.

»Nein, Schätzchen, nein.« Millie schiebt die kleinen Pfoten vom Tisch.

Mercedes hat auf Anhieb gewonnen. Sie konnte fast alle Kärtchen **einheimsen**. Wie hat sie das bloß gemacht? Revanche!

Aber auch beim nächsten Mal geschieht das Gleiche. Das geht doch nicht mit rechten Dingen zu?

»Ich hab's dir gesagt«, flüstert Mario Millie zu. »Ich hab's dir gesagt.«

Was hat er gesagt? Dass die doofe Ziege immer mogelt?

»Aber wie denn?«, fragt Millie leise.

Mario zuckt mit den Achseln.

Die Memory-Karten liegen erneut ausgebreitet auf dem Tisch. Bereit für ein neues Spiel.

Millie schaut sich die Kärtchen genauer an. Ob da was durchscheint? Nein, alles in Ordnung.

Sind manche kleiner oder manche größer? Nein, sie sind immer am Knick entlang geschnitten worden. Die Knicke haben Mama und Frau Klotzig gemacht.

Aber was ist das hier? Der Riss an der Ecke bei dem Obelix? Den man kaum bemerkt, nur beim zweiten Hinsehen? Den gibt's ja zweimal! Und **zufälligerweise** ist beim zweiten Kärtchen auch ein Obelix drauf.

Und der kleine Schnitt mitten am unteren Rand bei der Karamelnuss? Millie wettet, dass die zweite Karamelnuss auch eingeschnitten ist.

Und sie hat Recht!

»Du blöde Betrügerin!«, ruft sie. »Du bist vielleicht gemein! Du hast die Karten gefälscht!«

»Gezinkte Karten!«, sagt Mario. So nennt man das wohl.

»Gar nicht wahr! Ihr lügt doch! Wie kommt ihr denn auf so was?« Mercedes macht ein ganz unschuldiges Gesicht. Aber dann verrät sie sich durch ihr gemeines Grinsen.

»Wie wir auf so was kommen?«, schreit Millie. Sie ist rein außer sich. »Na, das ist doch klar! Guck doch, guck doch!« Sie hält Mercedes die beiden Karamelnüsse unter die Nase. »Hier! Riech mal dran! Das riecht doch nach Betrug!«

Nun hat Trudel auch die Nase voll. Mit beiden Händen wischt sie über den Tisch und lässt die Memory-Karten fliegen. Das gibt vielleicht ein Geschrei!

Mercedes brüllt aus Leibeskräften: »Trudel!!!«

Ach, weiß die doofe Ziege auf einmal doch, wie das kleine Luder heißt?

Das Spiel ist aus.

Millie drückt sich tief in ihren Stuhl und macht ein bissiges Gesicht. Dieser Abend könnte ihr doch tatsächlich ganz Ägypten verderben.

Dann springt sie aber auf, geht zur Bar und lässt sich noch einen Drink mischen. Liebe auf Eis. Aber sehr, sehr hart. Mit extra viel Zitrone drin. Sauer macht lustig. Und Mama kann nachher ja wieder unterschreiben. Inschallah.

Vogelpiep

Nachts liegt das Schiff ruhig an der Anlegestelle, aber tagsüber düsen die Schiffe mit Karacho über den Nil.

Warum denn?

Weil jedes Erster bei der Schleuse sein will.

Es gibt nämlich im Nil Stufen, richtige Wasserfälle. So einen Wasserfall nennt man Katarakt. Ist das nicht ein hübsches Wort? Da kann man die Wasserstufen wie bei einer Treppe schon beim Hören sehen. Ka-ta-rakt.

Damit die Schiffe über die Stufen im Nil kommen, wurde eine Schleuse gebaut. Die hievt das Schiff hoch oder runter. Man muss nicht umsteigen.

Die Schleuse liegt in Esna, und als Millies Schiff dort ankommt, liegen schon hundert Schiffe vor Anker. Sie alle warten, dass sie an die Reihe kommen.

Sie müssen stundenlang warten. Aber langweilig ist es nicht.

Vom Ufer her haben sich kleine Schwippschwappboote aufgemacht. Sie schieben sich wie Krokodile durch das Wasser und tauchen plötzlich neben dem Schiff auf.

In den Booten sitzt immer ein Mann. Manchmal hocken auch zwei Männer drin. Sie tragen dunkle Nachthemden.

»Hallo!«

»Hallo!«

Nanu, was wollen die denn?

Alle Passagiere auf den Schiffen hängen oben über der Reling, das ist das Geländer auf dem obersten Deck.

Die Nachthemdmänner in den Booten sind Händler. Ach, jetzt kapiert Millie auch, warum jemand Händler heißt.

Händler kommt von *handeln.*

Und wie sie handeln! Das ist ja noch viel lustiger als auf dem Basar.

Der Nachthemdmann hat viele Pakete in seinem Krokodil-schwippschwappboot. Sie sind in durchsichtige Plastiktüten eingewickelt.

Der Nachthemdmann wirft seine Päckchen mit einer Hand hoch auf das Schiff. Schwupp.

Getroffen.

Wer das Päckchen fängt, darf es aufmachen.

Mama hat sich ein Paket geschnappt. Was ist drin? Ein Nachthemd. Braucht sie denn eins? Nein.

»Das ist eine Galabea«, erklärt Mama. »Schau, Millie, die Händler tragen auch so ein lockeres Gewand. Das ist bei der Hitze praktisch.«

Logisch. Aber tragen die Männer auch was unter dem Nacht-hemd?

159

Sei nicht so neugierig, Millie!

Papa hat auch ein Paket aufgefangen.

»Mach doch mal auf, Papa!«

Ach, schon wieder so ein Tuch mit Tutschimond drauf.

Mama hat doch schon so eins. Aber sie handelt, weil sie Spaß daran hat.

Sie ruft: »Zwanzig.«

Mama, das ist zu wenig, das macht der Nachthemdmann unten auf dem Schwippschwappboot nicht mit.

Der Nachthemdmann schreit zurück: »Hundert.«

Mama lacht. »Dreißig«, brüllt sie hinunter.

»Neunzig!«

»Vierzig!«

Mama schüttelt den Kopf. Sie packt das Tuch wieder in die Plastikhülle und wirft es nach unten.

Der Nachthemdmann fängt das Päckchen und holt noch einmal aus. Schwupp.

»Siebzig«, ruft er.

Doch Mama bleibt hart. Da gibt der Nachthemdmann auf.

Er will nichts mehr verkaufen, aber jetzt will er was kaufen.

Auch dabei versucht er tüchtig zu handeln. Mama und Papa erzählen das beim Mittagessen.

»Er wollte meine Frau kaufen«, berichtet Papa und findet das lustig.

Papas Frau? Das ist doch Mama!

Millie findet das gar nicht lustig. Sie runzelt die Stirn.

»Er wollte fünftausend bezahlen«, sagt Papa.

»Oh«, sagt Herr Klotzig. Ihm wollte ein Händler auch seine Frau abkaufen.

Für wie viel?

»Für zehn Kamele.«

Millie schaut Frau Klotzig an. Ja, die hätte man doch prima gegen Kamele eintauschen können. Und gleich zehn Stück auf einmal. Kosten zehn Kamele etwa mehr als fünftausend? Ist Frau Klotzig mehr wert als Mama?

Niemand wird Millie das beantworten können.

Nach dem Mittagessen mit lecker Nudeln und Tomatensoße muss man Mittagsschlaf halten. Während Trudel richtig pennt, langweilt sich Millie. Sie starrt Löcher in die Luft und döst vor sich hin.

Plötzlich wird sie aus ihren Gedanken gerissen. Was war denn das? Dieses Platsch? Dieser Knall? Dieses Knallbumplatsch? Da ist doch was ins Zimmer geflogen.

Trudel ist auch aufgeschreckt. Sie sitzt aufrecht und ziemlich verdattert auf ihrem Polsterbett.

Beide starren auf den Boden.

Ja, da liegt was Weißes.

»Vogelpiep«, sagt Trudel.

Ja, meinst du, Trudelchen?

Millie reibt sich die Augen. Vielleicht ist sie eben doch ein bisschen eingenickt.

Sieht das Weiße da tatsächlich aus wie ein Vogel?

Wenn ja, dann ist der Vogel matsch.

Tote Vögel rührt Millie nicht an.

Trudel guckt ratlos. Millie ist die viel Ältere von beiden. Da sollte sie auch die Mutigere sein. Aber muss sie deshalb auch tote Vögel anfassen?

Je länger Millie hinschaut, desto mehr kann sie von dem toten Vogel erkennen.

Sieht aus wie eine platte Taube. Oder eine Möwe. Oder eine weiße Ente.

Die Ente ist in Plastik eingewickelt. Und wenn man genau hinschaut, dann kann man sehen, dass ägyptisches Krisselkrassel auf die Ente gestickt ist.

Das Päckchen ist gar keine Ente. Auch keine Möwe oder Taube. Es ist gar kein Vogel. Die Ente ist eine Galabea.

Wie hat der Nachthemdmann es überhaupt geschafft, das Päckchen durch den schmalen Fensterspalt zu werfen? Das ist doch olympiareif!

»Hallo!«, brüllt es von unten herauf. »Hallo!«

Millie krabbelt aus dem Bett. Vorsichtig hebt sie das Nachthemd auf.

162

»Vogelpiep«, sagt Trudel und robbt auf ihrem Bett ein wenig näher.
»Ich bringe Vogelpiep zu Papa«, sagt Millie und schleicht ins Nebenzimmer.
»Nicht schon wieder!«, meckert Papa.
Er trabt zum Fenster und schiebt es weit auf.
»Nein, nein, nein«, ruft Papa hinunter.
»Fünfzig«, ruft der Nachthemdmann.
»Nein, nein, nein«, sagt Papa.
»Zwanzig.«
Papa dreht sich zu Mama um. Die zuckt nur mit den Schultern.
»Zehn«, ruft es von unten herauf. »Zehn und eine Dose Cola.«
Da lässt Papa sich erweichen.
Er packt das Nachthemd aus
und wickelt eine Dose Cola
und einen Zehner in die Plas-
tiktüte. Dann wirft er das
Päckchen runter.
Getroffen. Papa ist auch olympiareif.
Der Nachthemdmann im Boot macht winke, winke. Er knackt die Dose und trinkt sie gleich aus.
Und was ist, wenn er unterwegs mal Pipi machen muss?

Wie soll das gehen … Papa?

Papa ist damit beschäftigt, das Nachthemd über den Kopf zu ziehen. Passt es?

Mama lacht sich kaputt. Papa sieht wirklich ziemlich blöd aus. Im Nachthemd und mit seinen langen Fusseln im Gesicht sieht er nämlich aus wie ein großes, wildes Gespenst aus einem Königsgrab.

Gezinkte Bohnen

Das Schiff konnte erst spät in der Nacht durch die Schleuse
fahren. Da hat Millie längst geschlafen.
Jetzt gehen sie gleich vor Anker. Weil es heute Morgen
wieder etwas Wichtiges zu besichtigen gibt. Ein Heiligtum.
Man kann aber auch Tempel dazu sagen.
Der Tempel steht in Edfu und ist Gott Horus geweiht. Sie
müssen nicht dorthin laufen, nur durch den Bauch von drei
anderen Schiffen hindurch und auf die Kaimauer hinauf.
Und was dann?
Na, das hätte Millie nicht gedacht: Auf der Straße am Kai
warten Pferdekutschen auf sie.
Es sind hübsche Kutschen mit einem Pferdchen vorne und
einem Faltdach hinten. Nur da gibt es Schatten.
Vier Leute passen in einen Kutschwagen hinein. Und natür-
lich der Pferdekutscher.
Mama, Papa, Millie und Trudel sind gerade vier. Das passt.
Familie Klotzig besteht auch aus vier Personen. Aber es passt
nicht. Weil da immer einer irgendwie übrig ist. Und das ist
Mario.
Jetzt will er in Millies Kutsche mitfahren.

165

Mama meint: »Ich kann Trudel auf den Schoß nehmen.
Komm, Mario, komm ruhig zu uns.«
»Mahiokomm!«, ruft auch Trudel.
Mario lässt sich das nicht zweimal sagen. Er fragt nicht mal
seine Eltern um Erlaubnis. Er kommt gleich angeflitzt.
Zack, zack, ist er oben im Wagen.
Die ganze Straße ist voller Kutschen. Sie versperren sich
gegenseitig den Weg. Deshalb geht es noch lange nicht los.
Weil Papa nicht mit unter das Faltdach passt, sitzt er mit
Mario in der prallen Sonne.
Mario trägt eine Baseballkappe. Darauf steht: *Ich bin cool.*
Cool heißt große Klasse sein.

Na, Millie weiß ja nicht.
Die Sonne scheint Papa auf den **Dez**. Er wischt sich mit dem
Taschentuch über den Schädel. Da gibt Mama ihm ihren
Strohhut.

Mario sagt: »Wir haben ganz besondere Namen. Habt ihr das schon gemerkt?«

»Nö«, sagt Mama und sieht Mario ein wenig ungläubig an.

»Doch, doch«, sagt Mario. »Wir haben das ganze Mittelmeer in unseren Namen.«

»Wieso das?«, fragt Mama.

»Meine Mutter heißt Melina. Das kommt aus Griechenland. Und Mercedes ist ein spanischer Name. Und ich komme aus Italien. Sozusagen.«

Sozusagen.

Keiner sagt was. Millie überlegt zwar, ob das mit den Namen was zu bedeuten hat. Ihr fällt aber nichts ein.

Mario sagt noch: »Das ist doch was Besonderes. Oder nicht?«

Soll das etwa auch *cool* sein? Millie zieht nur eine Schulter hoch.

»Na ja«, sagt Mario da. Er sieht etwas **bedröppelt** aus.

Soll Millie ihn aufmuntern? Vielleicht hat sein Vater auch einen besonderen Namen.

Na, Mario?

»Ja«, sagt er. »Mein Vater heißt Kurt.«

»Kurt ist nichts Besonderes«, sagt Millie.

»Doch.«

»Nee«, sagt Millie. »Dann hat mein Papa auch einen besonderen Namen.«

167

»Wie heißt er denn?«

»Papa heißt Martin.«

»Das ist nichts Besonderes.«

»Doch.«

»Nein.«

»Doch. Wegen Sankt Martin.«

»Ach so«, sagt Mario. Und nach einer Weile: »Und wie heißt deine Mama?«

»Das ist geheim«, sagt Millie.

Und immer noch geht es mit der Fahrt nicht los. Die Kutscher sind sich wohl nicht einig, wer als Erster losziehen darf. Das Geschrei ist groß.

Millie sagt: »Trudel und ich haben auch besondere Namen. So heißt sonst niemand.«

Mario zieht seine Stirn kraus.

»Oder kennst du jemanden, der so heißt wie wir?«

Marios Stirn wird noch wurstiger. Dann fällt ihm was ein.

»Ich kenne einen Hund, der Millie heißt.« Jetzt hellt sich sein Gesicht etwas auf.

»Du hast sie doch nicht alle«, sagt Millie entrüstet.

»Doch«, sagt Mario. »Der Hund lebt in Amerika.«

»Du hast doch einen Dachschaden«, sagt Millie.

»Millie!« Das sind Mama und Papa.

Ach, Mario wird das schon vertragen.

»Der Hund vom Präsidenten heißt Millie.«

Jetzt könnte Mario langsam damit aufhören.

Aber nein. »Das ist so ein kleiner, dicker Hund mit einer fetten Schnauze.«

Will Mario Millie eins **reinwürgen**? Da hat er sich aber geschnitten.

Millie will gerade noch einmal ausholen und Mario ein fieses Schimpfwort an den Kopf werfen, *du rot gestrichener Giftpilz* oder so was, da sieht sie, wie Mama ihr mit den Augen ein Zeichen gibt. Millie soll Rücksicht auf Mario nehmen.

Warum?

Ach, weil Mario schlechte Laune hat. Wahrscheinlich wegen seiner bescheuerten Familie. Aber muss er das an Millie auslassen?

Jetzt wird Millie jedoch abgelenkt. Es geht los!

Der Kutscher schnalzt mit der Zunge. Er lässt die Zügel knallen. Das Pferdchen setzt sich in Bewegung.

Mario lacht wieder. Trudel lacht. Alle lachen.

Eine Kutschfahrt! Eine Kutschfahrt!

Auf der Straße gibt es ein Wettrennen zwischen den Kutschern. Sie werfen sich böse Dinge an den Kopf. Millie kann nichts verstehen, aber es hört sich wütend an.

Die Kutsche mit Familie Klotzig rast hinter ihnen her. Die

Räder kreischen. Es sind Holzräder mit einem Eisenband drum herum. Der Straßendreck knirscht unter den Rädern und spritzt zur Seite. Aber hallo.

Jetzt holt die Klotzig-Kutsche auf. Sie prescht neben ihnen her. Ihre Räder sind jetzt so nah, dass die Radnabe fast in die Speichen von Millies Kutsche gerät.

Millie beugt sich raus.

Mama schreit: »Millie, setz dich ordentlich hin und halte dich fest!«

Millie setzt sich hin und hält sich fest. Aber sie wirft böse Blicke hinüber zu Mercedes. Die klammert sich auch an ihren Sitz.

Hüah, hüah, hüah.

Was heißt *hüah* auf Arabisch?

Keine Ahnung, aber es hört sich laut an.

Endlich sind sie am Tempel angelangt. Beide Kutschen ungefähr gleichzeitig.

Als Papa aussteigt, sagt der Kutscher *Madam* zu Papa. Na, wie Papa da guckt! Er hat vergessen, dass er noch Mamas Strohhut trägt!

Mama braucht ihren Hut jetzt selber. Denn heute ist Re, der Sonnengott, wieder voll in Fahrt.

Die Pferde sind schweißgebadet. Millie tätschelt ihrem Pferdchen den Bauch. An der Seite, wo die Rippen rauskommen.

Mercedes streichelt auch ihr Pferdchen. Die armen Pferde wollten bestimmt kein Wettrennen veranstalten. Bei der Hitze! Die wären ja bekloppt.

Alle zur roten Fahne kommen! Zuhören, was Hassan erzählt!

Der bösartige Onkel Seth war über den Spruch des Gerichtes, Horus zum König auf Erden zu machen, nicht besonders erfreut. Er schlug einen Kampf Mann gegen Mann vor. Horus und er sollten sich in Nilpferde verwandeln. Wer am längsten unter Wasser blieb, würde gewinnen.

Isis hatte Angst, dass Seth ihren Sohn unter Wasser umbringen würde. Sie ließ eine Harpune bauen und warf sie ins Wasser. Aber sie traf ihren Sohn, der laut aufschrie. Sie konnte die Harpune jedoch lösen und warf sie noch einmal in den Nil. Dieses Mal traf sie den bösen Seth. Der schrie ebenfalls um Hilfe. Da befreite Isis auch ihn von der Harpune.

Der Kampf war nicht zu Ende. Seth riss dem Horus beide Augen aus. Da wuchsen aus den Augenhöhlen Lotosblumen.

Der arme Horus wurde aber von Hathor, der Göttin der Liebe, gefunden.

Hathor goss Gazellenmilch in die Augen von Horus und heilte ihn. Seth aber gab keine Ruh.

Da sprach Osiris ein Machtwort. Er war ja der Gott der Unterwelt. Und er war der Vater von Horus.

Osiris drohte Seth, ihn zu sich zu rufen und ihn vor das Toten-
gericht zu stellen. Da würde Osiris schon dafür sorgen, dass Seth
ein schreckliches Ende nähme.
Endlich gab Seth nach. Er wurde der Gott der Stürme und der
Winde.
Horus herrschte nun tatsächlich über Ägypten. Er heiratete Ha-
thor, die lustige Göttin der Freude, des Tanzes und der Liebe, und
bekam viele Kinder mit ihr.

Und da Horus der Falkengott ist, stehen vor dem Eingang
des Tempels zwei große steinerne Falken.
Jeder will mit einem von ihnen fotografiert werden. Aber
man kommt nicht ran. Wenn die Leute Schlange stehen
würden, ja, dann könnte es irgendwann mal klappen. Aber
die Leute drängeln. Sie puffen sich gegenseitig mit den Ellbogen.
Millie hätte auch gerne ein Foto von sich und dem Horus-
Falken. Damit zu Hause jeder glaubt, dass sie in Edfu war
und keinen **Quatsch** erzählt.
Sie muss auch ihre Ellbogen benutzen, bis sie sich einen Platz
vor dem Horus-Falken ergattert hat. Und jetzt **in Positur**
stellen.
Wau. Der Falke ist fast dreimal so groß wie Millie.
»Trudel, schnell, schnell, komm her.«

»Fottifottimensss«, ruft Trudel und kommt schon angepest.
Papa will gerade auf den Auflöser der Kamera drücken, da
rennt Mercedes durch das Bild.
»Du grüne Pampelmuse!«, ruft Millie.
Leider darf sie keine schlimmeren Schimpfwörter benutzen.
Mercedes grinst.
Mensch, die hat das extra gemacht!

»Ach, mein Täubchen«, sagt Frau Klotzig. »Lass mal die Kinder in Ruhe ihr Bild machen. Du bist ja auch gleich an der Reihe.«

Papa knipst schnell ein Foto von Millie und Trudel. Und schon saust Mercedes vor den Falken. Vorgedrängelt! Das ist gemein. Millie musste sich den Weg durch die Menschenmenge doch richtig erkämpfen.

Jetzt rennt Millie in das Bild hinein, das Frau Klotzig schießen will. Sie muss das tun. Sonst würde sie ewig drunter leiden. Oder vor lauter Wut platzen.

»Millie!«

Ja, Millie, Millie, Millie!

Aber jetzt geht es ihr besser.

Der Horus-Tempel in Edfu ist nicht so groß wie Knackknack, aber fast genauso hoch. Das riesige Eingangstor schiebt sich in den knallblauen Himmel.

Warum ist der Tempel denn gar nicht kaputt?

Erstens ist er nicht so alt wie die Pyramiden. Nur zweitausend Jahre und ein paar zerquetschte.

»Ptolemäus der Dritte hat mit dem Tempelbau begonnen. Fertig gestellt wurde er dann unter Ptolemäus dem Zwölften.«

Mann, was Hassan alles im Kopf behält!

Millie erfährt, dass Tolle-Maus der Erste gar kein Ägypter

war. Die Griechen hatten nämlich das Land besetzt und herrschten Hunderte von Jahren. Hunderte! Dann kamen die Römer an die Reihe. Auch das noch!

Und zweitens war der Tempel lange, lange Zeit unter dem Wüstensand begraben. Da war er schön zugedeckt und konnte schlafen.

Als man ihn ausgegraben hatte, hat man nur gestaunt, denn an seinen Wänden waren tolle Bilder zu sehen. Darüber kann man auch heute noch staunen. Guck mal, da ist die Geschichte von Horus und seinem bösen Onkel. Seth ist hier aber nur ein kleines Nilpferd. Horus steht mit seiner Harpune im Boot. Und vorne kniet seine Mama Isis.

An einer Stelle auf der Wand wird gezeigt, wie Tolle-Maus der Achte gerade von zwei Göttinnen zum König gekrönt wird.

»Die haben ja nix an«, sagt Mario.

»Die haben wohl was an«, verbessert ihn Millie.

»Nix an«, sagt Mario wieder. Er guckt ganz fasziniert auf das Bild.

»Sie haben was Durchsichtiges an«, sagt Millie. »Das siehst du an den Beinen. Da ist Kleiderstoff drüber.«

»Aber oben haben sie nix.«

Hm. Vom Popo an aufwärts sieht es tatsächlich so aus, als trügen die beiden Göttinnen nichts. Der Bauchnabel ist frei.

175

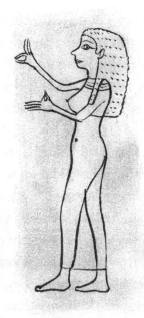

Man könnte den Finger ins Bauchnabelloch legen, aber man kommt nicht ran.
Und der Busen! Alles wie in echt. Wie Frauen oben ohne am Strand.
Mario hat den Kopf in den Nacken gelegt. »Das sind aber ordentliche Titten.«
»Sag das nicht so laut«, meint Millie. »Ich hab deswegen schon mal Schimpfe bekommen.«
»Wegen Titten?«

»Weil man das nicht sagen soll. Man sagt *Brust*.«

»Oder Brüste«, schlägt Mario vor.

»Oder Busen. Das geht auch.«

»Oder Birnen.«

»Nee, du hast wohl 'n Knall. Aber Melonen kann man dazu sagen.«

Jetzt lachen sich beide kaputt.

Mercedes ist neidisch. Sie hat gerade nichts zu lachen.

»Was gibt es denn?«, fragt sie neugierig.

Das werden Millie und Mario ihr nicht sagen. Stattdessen lachen sie noch mehr. Wenn einer aufhört, fängt der andere sofort wieder an. Das nennt man **Lachkrampf**.

So, Schluss mit der Tempelbesichtigung.

Noch mal ein Pferderennen. Aber die Pferdchen tun jetzt allen Leid.

»Spielst du nachher mit mir?«, fragt Mercedes, als sie ihr Schiff wieder erreicht haben.

Meint sie etwa Millie? Und fragt sie es nicht vielleicht unaufrichtig, hinterhältig und gemein?

Bestimmt!

Was sollen sie denn spielen?

Das ägyptische Bohnenspiel. Gestern hat jeder eins als Andenken gekauft bekommen. Jeder heißt: Mercedes und Mario, aber Millie und Trudel nur eins zusammen.

177

Man könnte das Bohnenspiel sogar in der Wüste spielen.
Man braucht nur ein paar Kuhlen in den Sand zu graben.
Ihr Bohnenspiel hat jedoch ein Holzbrett. Die Kuhlen hat
man hineingeschnitzt. In die Vertiefungen kommen fünf
Bohnen.
Es sind gar keine Bohnen. Es sind braune Holzperlen.
Man muss die Bohnen auf die Kuhlen verteilen. Manche
Kuhlen werden mit der Zeit voller, andere werden langsam
leer. Wer in seinen Kuhlen keine Holzperlen mehr liegen hat,
hat verloren.
Auf das Spiel mit Mercedes hat Millie sich vorbereitet. Mercedes hat nämlich ihr Holzbrett **zur Verfügung gestellt**.
Oke.
Millie wird heute Nachmittag aber mit gezinkten Karten
spielen. Mit gezinkten Bohnen. Sie braucht nur dafür zu sorgen, dass in ihren Vertiefungen mehr Bohnen liegen bleiben
als in denen von Mercedes. Sie hat sich **Munition** ein-
gesteckt. Sechs Perlen aus ihrem eigenen Spiel stecken in der
rechten Hosentasche, sechs in ihrer linken. Das sollte wohl
reichen, ihren Vorrat aufzustocken, falls Gefahr droht zu
verlieren.
Wie gespannt sie alle um den Tisch oben auf Deck hocken.
Millie gegen Mercedes.
Mercedes gegen Millie.

Mercedes hat ihr Spiel aufgebaut. »Und halt das kleine Luder fest, wenn es nach den Bohnen greifen will«, befiehlt sie.

Na klar, mit dem kleinen Luder meint sie wieder Trudel. Aber ja, die soll ihre Pfoten vom Tisch nehmen. Heute wird Millie nämlich gewinnen.

Schon bald muss sie die Extra-Bohnen benutzen. Ihre Kuhlen werden schnell ziemlich leer.

Ganz unauffällig schiebt Millie ihre Hand in die Hosentasche und mischt die Reserveperlen unter die Spielperlen. So kann sie ihre Vertiefungen wieder auffüllen. Merkt doch keiner. Man muss nämlich sehr fix sein.

Komisch nur, dass auch Mercedes noch so viele Bohnen in ihren Kuhlen hat. Millie müsste mal nachzählen, um herauszufinden, ob alles **mit rechten Dingen** zugeht.

Na, noch hat Millie ein paar Perlen in ihrer zweiten Hosentasche. Aber das nützt nicht viel. **Wie zum Teufel** macht Mercedes das?

Mercedes macht das genauso wie Millie. Das kommt ziemlich bald raus. Sie verrät sich selber.

»Du spielst ja mit gezinkten Karten!«, schreit sie. »Du hast Bohnen in den Hosentaschen versteckt.«

»Das musst du beweisen«, sagt Mario. »Wir müssen die Perlen zählen.«

Mercedes zählt die Bohnen tatsächlich nach. Vierundzwanzig Stück zu viel! Mercedes will Millie nur die Hälfte zurückgeben. Also gehört die andere Hälfte der gezinkten Bohnen ihr selber.

Ätschibätschi.

Mario ist schwer enttäuscht, dass es nicht geklappt hat, seine große Schwester reinzulegen. Er zieht einen Flunsch.

Mercedes aber **lacht sich einen Ast**. Sie findet es toll, dass das Spiel so spannend war. Und sie hat es haarscharf so gemacht wie Millie. Klammheimlich hat sie die Bohnen aus ihrer Hosentasche geangelt. Die Bohnen aus Marios Spiel, das sie einfach **beschlagnahmt** hat.

»Ich hätte nicht gedacht, dass du auch auf so eine schlaue Idee kommst«, sagt Mercedes zu Millie.

Hat sie Millie für doof gehalten?

Für morgen verabreden sie ein anderes Spiel. Eins, wo alle mitmachen können.

Sie wollen sich richtige Scheußlichkeiten ausdenken. Jedes Kind eine Scheußlichkeit für ein anderes. Wer sich das scheußlichste Geschenk ausgedacht hat, ist Sieger.

Die Eltern sollen Schiedsrichter sein. Mama, Papa, Herr und Frau Klotzig.

Werden die mitmachen?

Jetzt sitzen sie müde oben auf dem Schiff unter dem Schat-

180

tendach. Sie schauen sich das ewige Bild an: Der blaue Nil, die gelbe Wüste und ein Kamel. Sie trinken *Liebe auf Eis* und *Espresso*. »Ja, ja«, sagen sie zu allem, was die Kinder vor-schlagen.

»Kriegen wir Cola?«

»Ja, ja.«

Krokodile und Schlangen

Abends und schon bei Dunkelheit verlassen sie noch einmal das Schiff, um einen **Doppeltempel** anzuschauen. Die Abendluft ist so warm, dass alle sich nur leichte Sachen angezogen haben.

Hassan will ihnen weismachen, dass die Beduinen, die sich fast den ganzen Tag draußen aufhalten und in der Hitze arbeiten, viel mehr anhaben.

Was denn?

»Die Beduinen tragen drei Sachen übereinander«, erklärt er. »Das erste Kleidungsstück wird durch ihren Schweiß nass. Und ein nasses Hemd kühlt. Das zweite Teil bedeckt die Nässe, damit es drunter schön kühl bleibt.«

Und das dritte Stück?

»Das ist dazu da, dass man sauber und ordentlich aussieht, wenn einen die Leute anschauen. Und damit man sich nicht erkältet.«

Na, wieder was gelernt.

Vom Schiff zum Doppeltempel von Kom Ombo ist es nicht weit. Der Tempel wurde für Horus und den Krokodilgott Sobek errichtet. Der Krokodilgott soll sogar noch zu sehen sein! Wenn das mal stimmt. Vorsichtshalber nimmt Millie aber Mamas Hand.

Im Dunkeln wird der Tempel von Kom Ombo angestrahlt. Es gibt auch Scheinwerfer, die den Weg beleuchten. Damit man nicht über die herumliegenden Steine stolpert.

Der Tempel ist ein bisschen heil und ein bisschen kaputt. Er wurde von Tolle-Maus dem Sechsten gebaut. Die Räume in einem Tempel sind immer heilig gewesen. Ein Raum jedoch war noch heiliger als die anderen, nämlich am allerheiligsten. Das Dach vom Tempel ist weg, aber man kann noch sehr schöne Säulen sehen. Palmwedel drauf. Keine echten. Alles aus Stein! Und was ist im Allerheiligsten?

Das kann man im Krokodiltempel leider nicht mehr sehen. Im Allerheiligsten wurde nämlich die Sonnenbarke aufbewahrt. Jetzt steht dort nur noch ein Steinsockel.

In Kom Ombo laufen viele kleine Krokodile herum. Sie sind so groß wie Millies Hand.

»Das sind doch Eidechsen«, sagt Mario.

»Kleine Krokodile«, sagt Millie und zeigt Trudel so ein niedliches Tierchen.

Trudel hat Angst und will sich hinter Millies Rücken verstecken.

»Es ist doch nur eine Eidechse«, beruhigt Mario die kleine Schwester.

Millie zieht ein genervtes Gesicht. Sie will Trudel doch nur ein bisschen ärgern. Und das klappt auch.

Trudel glaubt Mario nämlich nicht, dass es nur Eidechsen sind. Papa soll sie lieber auf den Arm nehmen.

So, und was ist nun mit Sobek? Warum wurde ein Krokodil ein Gott? Fast so ein wichtiger Gott wie Horus oder Re?

Im Nil, im Schilf verborgen oder in Sumpfgebieten, lebten früher viele Krokodile. Die Menschen hatten eine erbärmliche Angst vor den Tieren. Krokodile waren sehr gefährlich. Deshalb wollte man sich mit ihnen gut stellen. Man steckte sie in einen Tempel und gab ihnen viel zu fressen. Manche Krokodile wurden von den Priestern mit Ohrringen geschmückt. Die Leute dachten, wenn sie nett zu den Tieren seien, könne der Krokodilgott ihnen nichts anhaben. Es galt aber auch als höchste Ehre für einen Menschen, in den Nil zu fallen und von einem Krokodil gefressen zu werden.

In Kom Ombo hat man jedoch gedacht, dass Sobek der böse Onkel Seth sei. Doch einmal hat Sobek auch was Gutes getan. Vier Horus-Kinder waren im Sumpf verschwunden. Sie hatten sich auf Lotosblüten gerettet, kamen aber von dort nicht mehr weg. Re befahl Sobek, die Kinder zu retten. Da machte sich Sobek auf und fing sie mit seinem Netz ein.

Der Krokodilgott schützte auch vom Wasser aus die Könige und ihr Land vor Eindringlingen. Er fraß die Feinde einfach auf.

Nein, danke, Millie möchte lieber nicht von einem Krokodil gefressen werden, auch wenn es eine Ehre wäre. Sie will nicht mal von einer kleinen Eidechse angeknabbert werden.
Und gibt es heute noch echte Krokodile in Kom Ombo?
Aber ja!
An der Seite des Tempels steht ein Extra-Häuschen. Eine Kapelle, die für Hathor gebaut wurde.
Und da sollen echte, lebendige Krokodile drin sein?
Millie muss sich mit allen aus der Gruppe in die Warteschlange stellen. Jeder will die Krokodile sehen.
Da sind sie!
Keine Angst, keine Angst. Erstens sind die Krokodile hinter Glas. Und zweitens sind sie mausetot. Und drittens hat man aus ihnen trockene Mumien gemacht. Aber die Zähne sehen noch sehr gefährlich aus. Sie ragen aus dem bissigen Maul.
Und diese hinterhältigen Augen! Böser Sobek.
Gut, dass Millie schnell wieder draußen ist und frische Luft schnappen kann.
Wenn man die Treppe vom Tempel runtergelaufen ist, sitzt dort ein alter, finsterer Kerl auf einer Matte. Er hat ein dunkelblaues Gardinentuch um den Kopf gewickelt. Sein Blick ist düster.
Alle Leute bleiben vor dem Alten stehen. Es hat sich ein Halbkreis um ihn gebildet.

Da muss doch was los sein!
Neben dem Alten steht ein Korb mit einem Deckel. Vorsichtig hebt der Alte ihn an.
Huch. In dem Korb liegen Schlangen! Keine toten Tiere oder Mumien. Echte Schlangen!

Der Alte greift sich ein Vieh und hebt es über den Kopf. Die Schlange dreht und windet sich. Sie möchte frei sein.
Mit einem Kopfnicken fordert der Alte die Leute auf, sich neben ihn zu setzen.
Wer ist so mutig?
Die Leute lachen. Sie winken ab. Einige wissen nicht so recht.
Da prescht Mercedes vor. Hat die einen Vogel?
Sie lässt sich neben dem Alten auf der Matte nieder. Der Alte legt ihr die Schlange um die Schulter. Die kringelt sich gleich eng um Mercedes' Hals.

Herr Klotzig zückt seinen Fotoapparat. Grelles Licht blitzt für einen Moment auf.

»Ja, das ist meine Tochter«, sagt Herr Klotzig **mit Stolz in der Brust**.

Millie schaut kurz auf Mama und Papa. Ob die auch stolz auf sie wären, wenn Millie sich eine Schlange um den Hals legen lassen würde? Ach, nein, sie würden Angst um Millie haben. Ganz bestimmt. Und der Rest von Familie Klotzig?

Mario trampelt vor Aufregung von einem Bein auf das andere. Als ob er dringend aufs Klo müsste. Es ist Millie nicht ganz klar, ob er seine große Schwester bewundert oder ob er Schiss um sie hat.

Mercedes lässt sich sogar eine zweite Schlange umwickeln. Nicht ganz freiwillig. Der Alte hat Mercedes fest im Griff. Aber sieht sie inzwischen nicht schon ziemlich blass aus?

Sie hat ein **gefrorenes Lächeln** auf den Lippen.

Millie muss zugeben, dass sie Mercedes sehr, sehr mutig findet. Die Leute klatschen ihr zu, besonders heftig klatscht Frau Klotzig.

Bevor der Alte Mercedes wieder loslässt, hält er die Hand auf. Mercedes muss freigekauft werden. Auch das noch!

Alleine kann sie sich nicht befreien. Die Schlangen liegen wie Stricke um ihren Hals. Mercedes ist **im Würgegriff** der beiden Schlangen gefangen.

187

Herrn Klotzig bleibt nichts anderes übrig, als sein Portemonnaie zu zücken. Er reicht dem Alten einen Schein, dann einen zweiten und noch einen dritten. Dabei versucht er, den Schlangen nicht zu nahe zu kommen. Bei der **Geldübergabe** muss er sich vorbeugen.

Erst nachdem der Alte einen vierten Geldschein bekommen hat, lässt er Mercedes gehen.

Ohhh. Wie sie bejubelt wird, als sie wieder unversehrt im Kreis der Zuschauer steht!

Sie lächelt.

Sie fragt: »Na, wie war ich?«

»Toll«, will Millie **wahrheitsgemäß** antworten.

Aber in diesem Moment kippt Mercedes um.

Das hätte Millie sich ja denken können. Sie muss überlegen, wie man das nennt, was Mercedes da gerade veranstaltet hat, aber ihr fällt das richtige Wort nicht ein.

Die Leute jubeln jetzt nicht mehr, sie verdrücken sich, aber Frau Klotzig geht in die Knie und klopft Mercedes auf die Wange.

»Schätzchen, ach, Schätzchen.«

Nein, es ist keine richtige Ohnmacht. Mercedes hat nur weiche Knie gekriegt. Nun kehrt schon die Farbe in ihr Gesicht zurück. Zum Glück.

Millie! Was hast du da gerade gedacht? Zum Glück?

Hach ja.

»Alte Angeberin«, murmelt Mario.

Genau, das ist es. Das ist das Wort, nach dem Millie eben gesucht hat: Angeberei. Mercedes hat gar keinen Mut gezeigt. Sie ist bloß eine richtige Prahlhansliese gewesen.

Simsalabim

Heute führt die letzte Strecke von *Miss Egypt* den Nil hinauf
bis nach Assuan. Man kann noch einmal auf dem Sonnen-
deck dösen oder im Schwimmbad plantschen oder sich was
Gutes einfallen lassen, während die Wüste an einem vorbei-
zieht.
Millie muss was Gutes für eine Scheußlichkeit einfallen.
Zuerst denkt sie an eine verfaulte Tomate für Mercedes, aber
die Tomaten, die im Schiffsrestaurant für den Salat bestimmt
sind, haben keine faulen Stellen.
Ein Regenwurm wäre auch schön schrecklich. Aber in Ägypten regnet es nicht, höchstens drei Tage im Jahr. Davon kann
kein Regenwurm leben. Millie wird also noch tüchtig nachdenken müssen.
Papa erzählt Mama, was er über den Nil gelesen hat. Millie
hört da erst mal zu.

Der Nil bekommt sein Wasser nur vom Regen südlich von Ägyp-
ten. Als der Fluss früher das Land überschwemmte, lagerte er
schwarzen, fruchtbaren Schlamm ab. Im alten Ägypten hieß das
Land deswegen auch Kemet, was »das Schwarze« bedeutet.

Die Bauern waren Jahrtausende abhängig von der Nilschwemme.
Sie wussten jedoch nie, wie hoch das Wasser steigen und wann das
Land wieder austrocknen würde. Außerdem wollten sie ständig
Wasser für die Felder haben, um die Pflanzen zu bewässern.
Vor über hundert Jahren schon hat man in Assuan einen Stau-
damm gebaut, damit das ganze Jahr über genug Wasser vorrätig
war. Der Damm war jedoch zu klein, und man plante, einen
neuen, größeren zu bauen. Dort, wo der Nil sich dann zu einem
riesigen See aufstauen würde, befanden sich aber seit Jahrhunder-
ten Dörfer, zum Beispiel Abu Simbel. Auch die prächtigen Bau-
werke der alten Ägypter waren an dieser Stelle errichtet. Menschen
und Tiere würden woanders leben können. Aber die Tempel von
Ramses dem Zweiten und seiner schönen Frau Nefertari musste
man Stein für Stein abbauen und an einer höheren Stelle wieder
errichten, damit sie nicht überflutet wurden. Heute stehen die
Bauwerke im neuen Abu Simbel.

Abu Simbel? Ein Name wie aus *Tausendundeiner Nacht*, gell,
Mama? Simsalabim.
Simsalabim ist von Assuan, wo das Schiff anlegt, ziemlich
weit weg. Man kann viele Stunden mit dem Bus hinfahren.
Oder wieder einen Flugzeug-Hopser machen! Dann hat man
Simsalabim ganz schnell erreicht.
Oh! Simsalabim ist ein richtiger **Kracher**. Millie kommt

sich wie ein Mäuschen vor, so gewaltig ist der Rennsau-Tempel. Kopf weit in den Nacken legen!

Pharao Rennsau der Zweite muss seine Frau, die Nilpferd-Tussi sehr lieb gehabt haben. Er hat ihr nämlich einen eigenen Tempel gebaut. Sein Tempel und ihrer stehen sich direkt gegenüber. Wenn die Statuen davor nicht aus Stein wären, dann könnten sich Rennsau und seine Tussi prima zuwinken. Rennsau der Zweite war ein **Großkotz**. In seinem Tempel ließ er all seine gewonnenen Kriege in die Wände meißeln. Und vor dem Tempel hat er sich durch vier riesige Statuen abbilden lassen. Seine Kinder und seine Tussi sind aber viel kleiner geraten. Die passen bequem zwischen seine Beine. Nicht mal bis zum Knie reichen die ihm! Obwohl er sie sehr geliebt hat!

Je tiefer man in den Tempel hineingeht, desto dunkler und unheimlicher wird es. Millie möchte gar nicht weiterlaufen. Mercedes auch nicht. »Geh du rein«, sagt sie. »Dann kannst du mir nachher erzählen, wie's dahinten aussieht.«

Seit wann ist Mercedes denn ein Feigling? Seit der Schlangengeschichte etwa? Dann hatte die Sache ja was Gutes.

»Dahinten ist bestimmt das Allerheiligste«, meint Millie.

»Dort in der Ecke, wo es so duster ist.«

»Ich krieg schon eine Gänsehaut.« Mercedes verschränkt die Arme vor ihrer Brust, als wäre ihr kalt.

»Du?« Hat Mercedes wirklich Schiss?

»Ich finde, es sieht hier aus wie in einer Geisterbahn. Da könnte ich dir vielleicht eine Geschichte erzählen!«

Nicht nötig, Millie hat selbst schon mal ein schreckliches Erlebnis in einer Geisterbahn gehabt!

»Hast du etwa Angst?«, fragt sie und ist ein bisschen hämisch.

»Nö«, sagt Mercedes zögernd. »Eigentlich nicht.«

Oder eigentlich doch?

»Hast du dir denn schon eine Scheußlichkeit ausgedacht?«, fragt sie plötzlich. »Für unseren Abschiedsabend?«

»Jaha«, sagt Millie und lügt ein bisschen. »Und du?«

»Zuerst dachte ich an eine faule Tomate«, verrät Mercedes. »Aber das ist ja nicht scheußlich genug.«

»Ich muss auch noch überlegen«, gibt Millie zu.

Sie steht immer noch mit Mercedes zwischen den Säulen und gruselt sich herrlich. Es ist dunkel und muffig hier. Huah!

Mama, Papa und Trudel sind bestimmt schon längst da vorne im Allerheiligsten. Mario hat sich ihnen angeschlossen und guckt sich bereits die Götter an. Oder das Totenschiff. Oder etwas, an das man sich nachts zu Hause lieber nicht erinnern will.

Herr und Frau Klotzig sind draußen in der grellen Sonne geblieben. Sie haben sich wieder ihre weißen Gardinentücher um den Kopf gewickelt.

Millie ist komisch zu Mute. Es ist **merkwürdig**, hier allein rumzustehen.

»Willst du nicht vielleicht ein Freundschaftsbändchen von mir?«, fragt Mercedes da **aus heiterem Himmel**. »Dann wärst du meine Freundin.«

Millie schaut Mercedes ziemlich entsetzt an. Ist die jetzt auch noch vom Affen gebissen worden?

»Na, was ist?« Mercedes kratzt mit der Schuhspitze über den Boden. »Ich habe schon sechs Freundinnen.«

»Ich eine«, sagt Millie. »Ich brauche aber auch nur eine.«

Und dann fügt sie hinzu: »Aber ich habe fünf Freunde. Oder sogar sechs.«

Bei Nummer sechs hat Millie an Mario gedacht. Das ist aber noch nicht ganz klar.

»Du meinst Jungs?«, fragt Mercedes.

»Ja«, meint Millie. »Ich kann mit Jungs besser als mit Mädchen.«

»Das hab ich schon gemerkt«, sagt Mercedes. »Aber du kannst es dir ja noch überlegen. Dann mach ich dir ein Freundschaftsbändchen aus echten Perlen.«

Sie ist doch vom Affen gebissen worden. Oder von der Schlange.

Aber auf einmal ist **seltsamerweise** das Gruselige im Tempel verschwunden.

»Wollen wir auch mal ins Allerheiligste?«, fragt Mercedes.

Millie ist immer noch sprachlos. Aber sie nickt.

Weiter vorn kommt man nur langsam vorwärts, und irgendwo dort geht die Menschenschlange um die Ecke und kommt ihnen wieder entgegen. Mittendrin Mama und die anderen aus Hassans Gruppe.

»Guckt euch die vier Statuen am Ende genau an«, sagt Mama schnell, als sie so aneinander vorbeischlurfen. »Da sitzen zwei Götter mit Ramses in der Mitte. Und zweimal im Jahr fällt die Sonne durch das Eingangstor genau auf die drei. Sie beleuchtet aber nie die vierte Statue.«

»Und wer soll das sein?«, fragt Millie.

»Es ist der Totengott«, sagt Mama.

Huah. Wie unheimlich.

Schnell stehlen sich Millie und Mercedes an den vier Statuen vorbei. Das ist ja noch schlimmer als in der Geisterbahn! Nix wie weg hier.

Wie schön es draußen ist! Da ist der tiefblaue Stausee. Und wenn man sich umdreht, steht dort drüben der kleine Tempel, den Pharao Rennsau seiner Frau, Königin Nilpferd-Tussi, gebaut hat. Sie hat sich als Göttin Hathor verkleidet. Wegen der **Liebe**.

Hassan erzählt draußen noch eine schöne Geschichte über Könige und ganz normale Leute.

Es war einmal ein Bauer, der lebte glücklich und zufrieden mit seiner Frau und seiner Familie auf dem Lande. Nach einer guten Ernte beschloss er, die Früchte seiner Arbeit zu verkaufen. Er lud die ganze Ernte auf die Rücken seiner Esel, um sie auf den Markt in der Stadt zu bringen. Aber unterwegs musste der Bauer mit seiner Eselsherde an den Feldern eines reichen Landbesitzers entlanglaufen. Dabei rissen die Esel ein paar Kornähren ab und fraßen sie auf.

Das machte den Landbesitzer wütend und er nahm dem Bauern die Esel ab. Als ob er so das gefressene Korn wieder zurückbekommen würde!

Der Bauer beklagte sich beim Landbesitzer. Aber das half ihm nichts. Deshalb wandte sich der Bauer an den königlichen Landverwalter und schließlich direkt an den Pharao. Er hielt eine große Rede und sprach von Gerechtigkeit und der Fürsorgepflicht des Königs für sein Land. Dem Pharao gefiel, was der Bauer gesagt hatte. Er wollte mehr davon hören und der Bauer musste acht Reden halten. Über Wahrheit und Ordnung und Diebstahl und Unterdrückung.

Endlich befahl der Pharao, dass der Landbesitzer dem Bauern sein Eigentum zurückgeben müsse, die ganze Herde und die Früchte des Feldes, die auf den Rücken der Esel geladen waren. Außerdem bekam er auch noch alles, was der reiche Landbesitzer besaß. Und das nur, weil dem König die schönen Reden so gut gefallen hatten.

In Ordnung. Aber das alles nur wegen ein paar Getreidekörnern?
»Das ist manchmal so im Leben«, sagt Papa.
Das ist ganz schön bescheuert.

Obelix

Zurück nach Assuan machen sie natürlich wieder einen
Flugzeug-Hopser. Dort gibt es nämlich auch noch viel zu
bestaunen. Zum Beispiel den Stausee. Es ist witzig, dass er
Nasser-See heißt. Millie denkt, das ist doch logisch. Es gibt ja
keinen trockenen See. Wasser ist doch immer nass.
Aber der See hat seinen Namen vom ersten Präsidenten von
Ägypten, und der gehört nicht zu den alten Ägyptern, son-
dern zu den neuen.
Auf dem Damm kann man hin und her marschieren. Auf der
einen Seite fließt der Nil, auf der anderen Seite ist der riesige
Stausee. Das Wasser glitzert silbern und Millie muss die
Augen vor Helligkeit schließen.
Der Staudamm ist was für Erwachsene und nichts für Kin-
der. Millie weiß nicht, was sie damit anfangen soll. Nicht mal
richtig gucken kann man wegen des **gleißenden** Lichts.
Man muss ja auch nicht genau in die Sonne und auf den
nassen See schauen, Millie!
Ganz in der Nähe von Assuan liegt ein alter Steinbruch. Den
haben die alten Ägypter schon für ihre Statuen benutzt.
»Und für die Obelisken«, erzählt Hassan auf dem Weg dort-

hin. »Es gibt einen unvollendeten Obelisk dort. Vor weit über dreitausend Jahren hat man versucht, ihn aus dem Granit zu hauen. Dabei ist er gerissen. Und man hat ihn einfach dort liegen lassen.«

Der Steinbruch ist eine riesige Kuhle. Am Rand steigt Felsgestein auf. Es sieht hellbraun, fast weiß aus, aber in Wirklichkeit ist es rot. Wenn es nass wird oder wenn die alten Ägypter es schön poliert haben, dann ist es rot meliert.

Überall in der Grube vom Steinbruch liegen Brocken herum. Das sieht sehr unordentlich aus. Fast wie in einem Kinderzimmer.

Um zum Obelix zu kommen, muss man klettern und Treppen steigen. Viele Leute haben keine Lust dazu. Sie setzen sich auf die Treppenstufen in den Schatten, unter den einzigen Baum, der mitten im Steinbruch wächst. Herr und Frau Klotzig hocken sich auch dorthin.

Mama steigt langsam die Stufen im Steinbruch hoch. Sie muss sich Trudels kleinen Schritten anpassen.

Papa hat lange Beine. Manchmal kann er zwei Stufen auf einmal nehmen. Das strengt aber an, Papa, nachher bist du **fix und foxi**. Und was dann?

Papa ist als Erster oben. Als er am Obelix vorbeimarschiert, bleibt er nur kurz stehen. Papa will lieber vom höchsten Punkt des Steinbruchs die Aussicht genießen.

Man kann sehen, dass die alten Ägypter den Obelix aus einem Stück anfertigen wollten. Er liegt noch flach auf der Nase. Viele, viele Meter lang.

Die Oberseite vom Obelix ist schon glatt geschmirgelt. Aber mit der Unterseite ist er noch am Felsen festgewachsen. An der Spitze ist der Riss. Da haben die alten Ägypter wohl die Wut bekommen und ihre Werkzeuge hingeschmissen. Alles umsonst gewesen! Wenn er fertig geworden wäre, hätten sie ihn runter in einen Kanal gerollt und mit Booten den Nil hinuntergeschleppt. Bis nach Knackknack oder so.

Neben dem Kletterweg auf der anderen Seite vom Obelix geht es ziemlich steil runter. Auf dem **Gefälle** liegen hübsche, kleine Steinbruchsteine. Wenn man davon einen hätte, könnte man ihn zu Hause blank scheuern. Oder ins Wasser legen. Dann hätte er eine schöne rote Farbe und man würde immer an Ägypten denken, immer und immer.

Millie bleibt stehen und schaut sich das Geröll an.

Mario läuft weiter hoch, aber Mercedes zögert noch. Sie guckt, was Millie macht.

»Ist was?«

Millie schüttelt den Kopf. Sie denkt, dass es bestimmt nicht verboten ist, einen Stein mitzunehmen. Steht ja kein Verbotsschild da. Und fürs Museum brauchen sie die Steine auch nicht. Steine sind eigentlich gar nichts.

Millie macht einen Schritt hinunter.
»Bist du blöd?«, ruft Mercedes.
Nee. Das schon gar nicht. Millie zuckt mit einer Schulter und macht den zweiten Schritt.
Da geht es bereits los. Das Geröll unter Millies Fuß ist locker. Es wird losgetreten und kullert den Abhang hinunter. Millie rutscht aus. Sie knallt hast-du-nicht-gesehen auf den Hintern. Das geht schneller, als sie denken kann.

Da sitzt sie nun. Der Hintern tut weh. Sie weiß nicht, ob sie lachen oder weinen soll.
Ach, irgendwie ist es doch eher lustig. Sie prustet los. Dann versucht sie, wieder aufzustehen. Ihre Schuhe, die Sandalen, kriegen keinen Halt. Millie rutscht noch ein Stückchen tiefer.

Huch.

»Ich hab's dir gesagt«, kreischt Mercedes.

Was? Dass Millie blöd ist?

Aber was jetzt?

»Warte, ich helf dir«, sagt Mercedes und macht einen Schritt vorwärts.

Hoppala. Mercedes landet auch auf ihrem Hintern.

Millie sagt: »Du bist auch blöd.«

Da müssen sich beide erst einmal **ausschütten vor Lachen**.

Aber wie sollen sie hier je im Leben wieder wegkommen? Jeder Schritt ist gefährlich. Jede Bewegung kann sie beide den Steinbruch runtersausen lassen.

»Mario!«

Mercedes hat vielleicht ein Organ! Das muss sie jahrelang geübt haben.

Mario kommt angeflitzt.

»Hol Papa«, befiehlt Mercedes.

Ob Mario sich jetzt rächen wird? Für alles, was die Mädchen ihm angetan haben?

Er steht stur da wie ein Rindvieh.

»Was guckst du so doof?«, fragt Mercedes.

»Nur so«, sagt Mario. »Ich warte darauf, was jetzt mit euch passiert. Sonst nichts.«

Aber Mario hat bereits Millies Papa Bescheid gesagt.

Papa kommt von oben runter und Herr Klotzig von unten den Steinbruch rauf. Er hat auch gemerkt, dass etwas nicht in Ordnung ist.

»Nicht bewegen«, sagt Papa.

Ist schon klar. Das haben sie ja bereits gemacht, und das wäre fast **in die Hose** gegangen.

Papa und Herr Klotzig haben lange Arme. Sie können Millie und Mercedes packen und ruck, zuck nach oben ziehen.

»Was, um Himmels willen, habt ihr da gewollt?«

»Mercedes wollte mir das Leben retten«, sagt Millie.

Das ist die Wahrheit.

»Ja«, sagt Mercedes. »Ich wollte ihr das Leben retten.«

Sie ist mächtig stolz auf sich. Das sieht man ihrem Gesicht an. Dann stiefelt sie mit Herrn Klotzig als Erste den Weg wieder runter.

»Und was hast du da gewollt?«, fragt Papa.

Ach, Papa, nix.

Erst jetzt kommt Mama mit Trudel angetrabt.

»War was?«, fragt sie.

Papa schüttelt den Kopf. Man muss Mama ja nicht unnötig aufregen.

Mama kann gleich umdrehen. Es ist sowieso viel zu anstrengend hier. Sie wirft noch einen kurzen Blick auf den Obelix.

»Den hab ich mir eigentlich anders vorgestellt«, sagt sie. »Der sieht doch nach nichts aus.« Sie ist ein bisschen enttäuscht.

Aber Mama! Der Obelix ist ja auch nicht fertig geworden. Deswegen ist er doch nur **unvollendet**.

Nun marschieren sie im Gänsemarsch durch den Steinbruch nach unten, wo Frau Klotzig im Schatten wartet. Mama geht mit Trudel voneweg. Dann kommt Papa. Am Schluss läuft Millie.

Mario hat sich an ihre Seite gedrängt. Er ist eifersüchtig. Das hat sich Millie schon gedacht.

»Gehst du jetzt mit ihr?«, fragt er.

Millie weiß, was er meint. Aber sie will es nicht so verstehen, wie er sich das denkt.

»Aber ich gehe doch jetzt mit dir«, sagt sie.

Darauf weiß Mario keine Antwort. Weil das nämlich die Wahrheit ist.

Lauter Scheußlichkeiten

In Assuan ist alles anders als im übrigen Ägypten. Das fängt
beim Licht an und hört bei der Luft auf.
»Fühlst du, wie die frische Luft über die Haut streicht,
Millie?«
Ja, Mama.
Über die Haut streichen ist wie anfassen. Den allerletzten
Tempel, den Millie in Ägypten anfassen darf, ist der Tempel
von Philae.
Man kommt nur mit einem Boot dorthin. Der Tempel hatte
das gleiche Schicksal wie Simsalabim. Er war von einem
König Tolle-Maus auf der Insel Philae gebaut worden, und
das Wasser vom Stausee wäre über ihn hinweggeschwappt,
wenn man ihn dort gelassen hätte. Deshalb hat man ihn
auch in Stücke gesägt und auf eine benachbarte Insel ver-
frachtet.
Der Tempel gehört Isis. Sie ist überall an den Wänden zu
sehen. Mit Bauch und Bauchnabel. Mit Kuhhörnern und
Sonnenscheibe. Sie hat einen kleinen Popo.
»Knackig«, sagt Mario.
Von wem hat Mario denn solche Ausdrücke?

Leider hat wieder jemand versucht, Isis auszuradieren. Die
Mauerspechte! Doch diesmal ist es kein neuer König gewesen, der Isis nicht leiden konnte. Es waren Mönche, die die
Göttin nicht mochten und ihr Bild weghacken wollten. Sie
haben es aber nur an einer Figur geschafft. Trotzdem kann
man immer noch erkennen, dass es Isis sein soll. Die Göttin
sieht bloß so aus, als hätte sie die Masern.
Im Hof vom Isistempel steht das Geburtshaus, in dem Isis
ihren Sohn Horus auf die Welt gebracht hat. Und auch über
Isis gibt es Geschichten, die Millie noch nicht kennt. Am besten setzt sie sich zwischen die Halbsäulen. Ihr Popo passt
genau in die Kuhlen auf den Mauervorsprüngen. Da ist es
bequem. Da kann man gut zuhören.

*Als Horus, der Sohn von Isis, noch klein war und vor dem bös-
artigen Onkel Seth versteckt werden musste, hatte der sich in eine
Schlange verwandelt und Horus gebissen. Isis nahm ihren Sohn
in die Arme. Sie war glücklich, dass er noch lebte, und sprang vor
Freude mit ihm herum. Um ihn aber vor dem sicheren Tod zu
retten, rief Isis die höchsten Götter zu Hilfe. Re fuhr gerade mit
seiner Barke vorbei. Er hielt an und heilte Horus mit einem
Zauberspruch. Von nun an wusste auch Isis, wie man Bisse von
Schlangen und Skorpionen heilen konnte.
Re war inzwischen so alt geworden, dass seine Spucke auf die Erde*

tropfte. Und dann wurde auch er von einer Schlange gebissen. Das brannte wie Feuer.

Man muss wissen, dass Re ein großes Geheimnis hatte. Niemand kannte seinen richtigen Namen. Wer den erfuhr, der würde Herrscher auf Erden werden.

Isis versprach dem kranken Re, dass sie ihn vom Schlangenbiss heilen würde, wenn er ihr seinen wirklichen Namen nannte. Da verriet Re ihr sein Geheimnis – unter der Bedingung, dass nur Horus noch davon erfahren dürfe.

Isis heilte den Sonnengott und Horus wurde der Herrscher auf Erden wie nach ihm alle Könige. Aber bis heute ist der geheime Name von Re keinem Menschen bekannt.

Millie fällt der richtige Name auch nicht ein. Macht nix. Man muss ja nicht alles wissen. Außerdem wird sie schon wieder **abgelenkt**.

In das Boot, das sie von der schönen Nil-Insel zurück aufs Festland bringt, ist nämlich ein Händler eingestiegen. Er verkauft Armbänder und Halsketten. Aber er handelt gar nicht. Er sagt, es kostet so und so viel.

Mama findet das richtig **preiswert**.

Alle Leute suchen sich was aus. Eine Kette. Oder ein Armband.

Die Armbänder sehen aus wie Freundschaftsbändchen.

Da sie so billig sind, kauft Mama eins für Millie **und** eins für
Trudel. Es sind hübsch geflochtene Ketten aus lauter Holz-
kullern, die wie die Perlen aus dem Bohnenspiel ausschauen.
Damit könnte man auch gut mogeln.
Mercedes will auch so ein Holzkuller-Armband haben.
Kriegt sie.
Das ist lustig. Mercedes, Millie und Trudelchen halten ihre
Arme aneinander. Es sieht aus, als ob sie zusammengehör-
ten. Als wären sie Freundinnen.
Nur Mario gehört nicht dazu.
Armer Mario.
Am anderen Ufer können sie sogleich erneut losschippern,
dieses Mal mit einem Segelboot. Es ist keine Barke. Es ist
eine Feluke. Na, die wackelt aber ordentlich.
Das Boot hat einen Mast und ein einziges Segel. Es passen
höchstens zehn Leute hinein. Gerade richtig.
Der Felukenschiffer sieht ein wenig aus wie ein Seeräuber.
Er hat einen Bart. Aber das ist ja nichts Besonderes. Papa hat
inzwischen ebenfalls einen kratzigen Fusselbart.
Der Seeräuber hat auch so ein weißes Gardinentuch um den
Kopf gewickelt. Und er trägt ein Galabea-Nachthemd.
»Ob er was darunter anhat?«, flüstert Mercedes und kichert.
Wenn der Wind tüchtig weht, könnte man vielleicht was
sehen.

Der Seeräuber steigt auf das kleine Holzdeck der Feluke.
Er muss mit dem Segel und den Leinen und dem Mast fertig
werden. Das ist nicht einfach. Der Wind kommt mal von da
und mal von dort.
Wie er so im Gegenlicht der Sonne steht, wird sein Hemd
ganz durchsichtig. Man kann sehen, dass er keine drei
Sachen übereinander anhat, Hassan! Aber untenrum trägt
er eine Hose. Eine weiße Unterhose mit ein bisschen Bein
dran. Boxershorts. Das kann man auch genau sehen.
Millie muss grinsen.
Mercedes muss grinsen.
Sie denken beide das Gleiche: **erwischt.**

Aber nun müssen sie Hassan zuhören. Er will vom Fluss erzählen.

Das Wasser des Nils plätschert leise. Es ist tiefblau. Es könnte Tinte sein. Und mitten auf dem Fluss hat die Sonne eine goldene Straße gezaubert.

Natürlich gibt es auch Götter für den Nil. Weiß Millie schon. Sobek, der Krokodilgott. Hat sie nicht vergessen. Aber jetzt erzählt Hassan die Geschichte von einem anderen Nilgott. Der heißt Hapi.

Hapi, der Nilgott, lebte in einer Höhle auf der Insel Elephantine. Er sorgte für die Überschwemmungen des Nils, die das Land so fruchtbar machten. Er bewässerte die Wiesen, die Re gehörten und auf denen die Viehherde des Sonnengottes weidete. Die Herde, das waren die Menschen, die Re geschaffen hatte.

Hapi und Osiris waren eng befreundet. Der eine war das Wasser und der andere die Fruchtbarkeit des Nils. Das Wasser war aber auch eine Mischung vom Schweiß des Osiris und der vergossenen Tränen von Isis.

Dass Osiris von den Toten auferstehen konnte, hatte er Hapi zu verdanken. Der ließ ihn nämlich an seiner Brust trinken. Hapi war keine Frau, trotzdem hatte er einen Busen. Das ist bei Göttern möglich.

211

Der Felukenschiffer schippert einmal um die Elefanteninsel herum. Dort wurde schon in alter Zeit gemessen, ob der Nil steigt oder ob das Wasser fällt. Ob er den schwarzen Schlamm bringen wird und auch, ob er schon genug abgelagert hat. Das Messgerät heißt Nilometer. Leider kann Millie es nur auf einem Bild in Mamas Reiseführer sehen. Es sieht nicht so aus wie ein Thermometer. Es sieht aus wie die Höhle, in der Hapi gelebt hat.

Es wird Abend. Der Nil wird immer dunkler. Der Himmel auch. Auf einer Seite ist er schon fast schwarz, daneben blau, dann golden und gelb. Die Sonnenstraße in der Mitte des Nils ist jetzt glutrot.

Was schwimmt denn da herum? Überall kann man kleine, eklige Dinger im Fluss erkennen. Tote Schweinchen? Mit aufgedunsenen, braunen Bäuchen? Oder was sind das für Ferkeleien?

Wäre das vielleicht eine schöne Scheußlichkeit, mit der Millie Mercedes erschrecken könnte?

Nee, sie hat was anderes vor. Heute Abend, wenn Abschied gefeiert wird.

Und die Ferkeleien auf dem Nil sind auch gar keine Ferkeleien. Hassan klärt das auf. Es sind große Stücke Palmenrinde von den Bäumen, die auf den Inseln wachsen. Die Rinde fällt von den Baumstämmen ab und plumpst in den

Nil. Durch das Wasser weichen die Stücke auf und werden
dunkelbraun. Sie dümpeln nur so vor sich hin.
Ach so ist das. Sieht trotzdem ekelhaft aus.
Schon glühen die Sterne am Himmel auf. Ooohhh. Der
Mützi ruft zum Gebet und der Felukenschiffer legt am Kai
an. Vielen Dank für die Reise, Herr Seeräuber!
Es wird kühler. Das ist das Gute an Assuan. Und es gibt noch
was Gutes hier. Das ist der Basar, der berühmte Gewürz-
markt von Assuan.
Wie das riecht! Millie schnüffelt mit der Nase. Sie sind noch
meilenweit vom Basar entfernt, aber sie kann sich den
Weg dorthin schon erschnuppern.
Die Gewürze gibt es in tausend Farben. Die Verkaufsmänner
auf dem Basar haben das Gewürzpulver zu Kegeln geformt.
Wie kleine Pyramiden sehen die aus. Sie können aber nur
runde Pyramiden bauen, keine viereckigen. Das konnten
nur die alten Ägypter.
Die Gewürzpyramiden gibt es in Rot, in Gelb, in Ocker, in
Braun, in Weiß, in Grün und Lila und Blau.
»Mama, hast du schon mal mit Blau gekocht?«
»Nein, Schätzchen. Ich weiß gar nicht, was für ein Gewürz
das ist.«
Trudel gefällt die blaue Pyramide auch gut.
»Sssön«, sagt sie. »Tudelbauham.«

213

Aber wahrscheinlich ist das blaue Gewürz nur Farbpulver.
Damit kann man gar kein Fleisch braten. Damit kann man
nur Jeans kochen.

Mama überlegt, ob sie Malventee kaufen soll. Ach, lieber
nicht, Mamilein. Zu Hause schmeckt doch alles anders als
auf der Reise.

Von drüben ruft Frau Klotzig. Mama soll mal kommen. Frau
Klotzig hat was entdeckt.

Die beiden Mamas stecken ihre Köpfe zusammen.

»Geht schon mal vor«, ruft Frau Klotzig herüber.

Papa und Herr Klotzig nehmen die Kinder in ihre Mitte, das
sind vier Kinder auf einmal. Sie nehmen die ganze Breite der
Basarstraße ein. Aber niemand meckert. Die Verkaufsmänner
sagen höchstens: »Schönes Tuch kaufen, mein Fräulein?«

Oder: »Eine Wasserpfeife gefällig?«

Nein, nein, danke schön.

Und wo bleiben die beiden Mamas? Ob die je wieder aus
dem Basar herausfinden werden? Wie heißt die Straße hier
überhaupt? Millie kann das Straßenschild nicht lesen. Sie
kann nur eine schnörkelige Schrift erkennen. Hübsches
Krickelkrakel. Bestimmt Arabisch.

Ah, jetzt kommen Mama und Frau Klotzig angezockelt. Sie
sind schwer beladen.

Oje, haben sie doch Malventee und Gewürze gekauft? Das

214

reicht ja für viertausendfünfhundert Jahre, das ist von heute
zurück bis zu König Klops.

»Was ist dadrin, Mama?«

Mama lacht.

»Nichts Besonderes«, sagt sie. »Lauter Scheußlichkeiten.«
Das soll man glauben?

Papa und Herr Klotzig müssen tragen helfen. So wandern sie
zu Fuß zurück zu *Miss Egypt*.

Die Stadt ist herrlich. »Wie in Paris«, sagt Millie.

»Du lügst doch«, sagt Mario.

»Nein.« Millie schüttelt den Kopf. »Ich lüge nie.« Höchstens
erzählt sie manchmal Märchen aus *Tausendundeiner Nacht*.

Ein wunderbarer Abend. Ein schöner Spaziergang. Die Füße
tun nicht weh. Nur die Neugier brennt.

Was schleppen Mama und Papa und Herr und Frau Klotzig
da mit sich rum?

»Abwarten«, sagt Mama. »Wartet nur ab.«

Erst einmal müssen sie sich ausruhen und anschließend
wird auf dem Schiff zu Abend gegessen. Lecker Essen.

Nudeln mit Tomatensoße. Dann sitzen sie noch zusammen,
weil Abschied gefeiert wird. Morgen geht es nämlich nach
Hause.

Gleich gibt es die Abschiedsgeschenke. Die Scheußlichkeiten,
die sich jedes Kind für ein anderes ausdenken sollte.

Trudel hat was für Mario. Sie will es aber nicht rausrücken.

Na, dann zuerst Mario.

Er überreicht Trudel sein Päckchen.

»Iii«, brüllt er. »Iii.« Damit Trudel weiß, dass sie sich richtig ekeln soll.

»Iii.« Alle schreien vor lauter Erwartung mit.

Trudel öffnet das Päckchen mit spitzen Fingern.

Iii! Wie ekelhaft! Mario hat eine halbe vertrocknete Eidechse in eine Serviette eingewickelt. Eine Mumie! Liegen die denn hier so rum?

Trudel heult. Ihr Geschenk für Mario rückt sie jetzt erst recht nicht raus.

Nun sind Millie und Mercedes dran.

Mercedes' Päckchen besteht ebenfalls aus einer Papierserviette. Das ist doch nicht sehr **originell**. Und was ist drin?

Hahaha, gar nicht zum Lachen. Drei abgeknabberte Hühnerknochen. Eklig! Scheußlich!

Aber jetzt kommt Millie an die Reihe.

Sie hat lange überlegen müssen. Ihr ist nichts eingefallen.

Das mit der zerquetschten Tomate ist ja **ein alter Hut.**

Dann ist ihr doch was Gutes in den Sinn gekommen. Millie hat an ihrer Scheußlichkeit hart arbeiten müssen.

Es ist eine Geschichte geworden.

Sie hat sie aus Mamas Ägyptenbuch abgeschrieben. Sie

216

war viel zu lang. Millie hat sie kurz gemacht. Es ist die Geschichte von den vier Söhnen des Horus. Die Namen hat Millie sich nicht merken können. Aber es könnten Vogelnamen sein.

Die Geschichte über die vier Söhne ist jedenfalls furchtbar scheußlich. Deswegen hat Hassan sie wohl auch nie erzählt. Jetzt kann Mercedes sie vorlesen:

»Horus hatte vier Söhne. Sie hießen Amsel, Drossel, Fink und Star. Sie haben was mit den Mumien zu tun.

Wenn ein Mensch eine Mumie werden sollte, dann wurde der Körper getrocknet. Alles, was innendrin war, wurde vorher rausgenommen und in Marmeladengläsern eingemacht. Jeder Sohn von Horus bekam ein Glas voll mit Innendrin. Amsel die Leber, Drossel die Lunge, Fink den Magen und Star kriegte die Wurstdärme.

Die Söhne mussten auf die Einmachgläser aufpassen. Und wenn sie nicht gestorben sind, dann tun sie das noch heute.«

Gut, nicht? Ganz schön eklig, was?

»Ich krieg gleich das Kotzen«, sagt Mercedes.

»Kinder, Kinder, Kinder.« Damit will Mama alle ablenken. Sie findet Millies Geschichte nicht gut. Aber heute Abend ist das bestimmt die schönste Scheußlichkeit. Damit hätte Millie gewonnen.

Endlich ist Trudel auch bereit, ihr Geschenk Mario zu geben.

Und was ist es?

Es ist Papas Fusselrasierer!

»Mein Fusselrasierer!«, ruft Mama.

Nein, Mama, jetzt ist es Marios Fusselrasierer. Er kann ihn gar nicht gebrauchen, deswegen ist er ja so scheußlich. Auf die Idee ist Millie gekommen. Manchmal muss sie der kleinen Schwester doch helfen.

Und jetzt kommen die anderen Pakete dran.

Los, Mama, gib schon her!

Sie und Frau Klotzig tun immer noch sehr geheimnisvoll.

»Also«, sagt Mama. »Es gibt ja nicht nur Gewürze auf dem Basar.«

Richtig, da gab es auch Tücher und Wasserpfeifen.

»Da wurden auch Scheußlichkeiten verkauft. Wir dachten, das wäre was für die Kinder.«

Was ist es? Was ist es?

Her damit!

Ein *Disney Princess Jasmin Palast* für Millie.

»Oh Mama!«

Ein *Disney Princess Simba Schminktisch* für Mercedes.

»Oh Mama!«

Ein *Disney Princess Cinderella Pferdestall* für Trudel.

Trudel weiß gar nicht, was sie sagen soll. Sie denkt wohl, es ist Weihnachten.

»Wir finden das Zeug wirklich sehr scheußlich«, sagt Mama.
»Und damit hätten wir gewonnen.«
»Es ist so kitschig«, meint Frau Klotzig. »Diese Farben! Pink und Lila und Himmelblau.«
»Schön!«, sagen Millie und Mercedes wie aus einem Mund.
Ja, so ist Tausendundeine Nacht!
Und was hat Mario bekommen? Der spielt doch nicht mit Puppen.
Mario hat einen Hund bekommen. *Pipi Max*. Der heißt nicht nur so, der macht auch so. *Pipi Max* kann trinken, laufen, bellen und Pipi machen.

Mario füllt sofort Wasser in den Hundebauch. Sprudelwasser vom Abendessen.
Pipi Max hat Batterien im Kopf. Wenn man ihn anstellt, pinkelt er überall herum. Mit so was kann man Mädchen ärgern.

Marios Hund pinkelt an jede Ecke vom *Jasmin Palast* und
vom *Simba Schminktisch* und vom *Cinderella Pferdestall*.
Darüber wird Trudel wütend. Sie bekommt einen knallroten
Kopf.
»Hauab«, ruft sie. »Gehwegbödermahio, fottifottimensss.«
Dann macht sie eine ausholende Bewegung und fegt all die
schönen Scheußlichkeiten vom Tisch.
Es gibt einen einzigen, vielstimmigen Aufschrei: »Trudel!!!«
Und die heult noch nicht mal!
Na, das ist ein gelungener Abend. Richtig was los.
Eine lange Nacht. Es ist die Nacht der Geschenke. Schön!
Es muss die **Tausendundzweite Nacht** sein.
Der Fluss ist jetzt pechschwarz geworden. Die Palmen am
Ufer sind große, dunkle Scherenschnitte aus schwarzer
Pappe. Und die Sterne am **Firmament** funkeln wie reines
Gold!
Das schönste Geschenk aber hat der Nil gemacht. Das
schönste Geschenk ist nämlich Ägypten. Und das haben
schon die alten Ägypter gewusst.

Mit Millie um die Welt

Neugierig, voller Ideen und lustiger Einfälle: Mit Millie macht das Reisen Spaß!

ISBN 978-3-7915-2732-1
ISBN 978-3-7915-0395-0
ISBN 978-3-7915-0391-2
ISBN 978-3-7915-0383-7
ISBN 978-3-7915-2734-5

Einbände und Innenillustrationen von Gitte Spee.

Weitere Informationen unter: *www.cecilie-dressler.de*

DRESSLER

MILLIE ZUM HÖREN: DIE AUDIO-CDS MIT EXTRA REISETEIL

Ungekürzte Lesung · Reisetipps · 2 CDs
Ab 6 · ISBN 978-3-7891-0296-7

Ungekürzte Lesung · Reisetipps · 2 CDs
Ab 6 · ISBN 978-3-7891-0295-0

Sommer, Sonne, Mallorca! Millie lernt schwimmen und besucht die schönsten Plätze der Insel. Am besten gefällt ihr eine Puppe mit rotem Rüschenkleid. Ob sie die mit nach Hause nehmen darf?

Oh là là, Paris! Mit Mama, Papa und Trudel entdeckt Millie jeden Tag Neues. Sie bestaunen den Eiffelturm und die berühmten Museen. Am meisten beeindrucken Millie jedoch die vielen Straßenkünstler.

Jedes Hörbuch mit der kompletten Millie-Geschichte sowie Sprach- und Ausflugstipps plus einer Orientierungskarte zum Ausklappen.

Weitere Informationen unter: www.oetinger-audio.de

DRESSLER